Anthony C. Grayling · Freundschaft

Anthony C. Grayling

Freundschaft

Über die Vorzüge eines erfüllten Lebens

Edition Konturen
Wien · Hamburg

Wir legen Wert auf Diversität und Gleichbehandlung. Im Sinne einer besseren Lesbarkeit der Texte werden Begriffe wie „Freund", „Liebhaber", „Verbündeter" usw. in der maskulinen Schreibweise verwendet. Grundsätzlich beziehen sich diese Begriffe auf beide Geschlechter.

Die Originalausgabe erschien unter dem Titel
„Friendship" bei Yale University Press, New Haven und London
Übersetzt von Georg Hauptfeld

Bibliografische Information der Deutschen Bibliothek
Die Deutsche Bibliothek verzeichnet diese Publikation in der Deutschen Nationalbibliografie, detaillierte bibliografische Daten sind im Internet über http://dnb.ddb.de abrufbar

Umschlaggestaltung: Georg Hauptfeld, dressed by Gerlinde Gruber.
Umschlagbild: Mediendesign – www.mediendesign.co.at
Lektorat: Christa Hanten

ISBN 978-3-902968-07-4

Druck: Druckerei Berger, 3580 Horn
Printed in Austria

Inhalt

Einleitung

Die Freundschaft ist wohl die höchste und vornehmste der menschlichen Beziehungen. Denkt man daran, dass wir es als Erfolg betrachten, im Laufe des Erwachsenwerdens Freundschaft mit unseren Eltern zu schließen, unseren Kindern, während diese erwachsen werden, unseren Mitschülern oder Arbeitskollegen, dann erkennt man, dass in jedem dieser Fälle eine zusätzliche Verbundenheit entsteht – und diese verwandelt die anderen Anlässe einer Verbindung mit diesen Menschen.

Natürlich sind unsere Freundschaften mit Menschen, die nicht zu einer dieser Kategorien gehören, also vorher Fremde waren, auf eine typische und weniger komplizierte Art etwas Besonderes, weil sie auf einer reinen Wahl beruhen. Wir begegnen jemandem und mögen ihn oder sie, dies wird erwidert, und in der Folge genießen wir unser Zusammensein, lachen gemeinsam, teilen Interessen und Ansichten. Mit der Zeit entsteht das Gefühl, dass jeder zur Textur der Welt des anderen gehört, sodass wir einen gegenseitigen Sinn entwickeln für geschuldete Verpflichtungen und gewährtes Vertrauen, und wir erfüllen das gegenseitige Bedürfnis nach Kameradschaft, Trost, Vertraulichkeiten und Gemeinsamkeiten. All dies betreiben wir in einem Ausmaß, dass wir den Verlust eines solchen Freundes als sehr schmerzlich empfinden – so wie den Verlust eines geliebten Menschen. Tatsächlich sprechen wir manchmal von der Liebe zu unseren Freunden, zumindest zu denen, die uns besonders nahe stehen, und deren Verlust kann uns tief treffen.

Wenn ich an die Freunde meiner Jugend denke und an jene, die ich im Laufe meiner Arbeit und meiner Unternehmungen gewonnen habe, an gemeinsame Abende oder lange Reisen, an gemeinsam gelernte und geteilte Dinge, an geteilte Leiden und getröstetes Leid, vor allem aber an den Spaß, den wir hatten, dann wird mir klar, dass nur die höchsten Augenblicke der Intimität in der Liebe mit dem Wert einer Freundschaft vergleichbar sind – und auch in solchen Momenten hoffen wir, dass Erstere sich im Idealfall als Vorspiel zu Letzterer erweisen werden, und das für den Rest unseres Lebens.

In den verschiedenen Stadien unseres Lebens erfahren wir von verschiedenen Menschen jene Freundschaft, die wir gerade brauchen, auch wenn ganz besondere Freunde für immer bleiben. Dies spiegelt die Tatsache wider, dass die meisten Menschen sich mit der Zeit und mit den Erfahrungen verändern, und da sich alle Beteiligten an einer Freundschaft zugleich verändern, überrascht es nicht, dass sie sich irgendwann auseinanderleben. Im Leben der Erwachsenen wird diese Tendenz beschleunigt, wenn Menschen bei einer Scheidung für eine Seite Partei ergreifen – manchmal verlieren Menschen, die mit einem Paar befreundet waren, den Kontakt zu beiden, wenn diese sich trennen.

Das gehört zu den Tatsachen moderner Freundschaft, berührt jedoch nur die Oberfläche: Das Wechselspiel zwischen Moral, Psychologie und Gefühlen, sich wandelnde Muster des Familien- und Arbeitslebens, Verschiebungen in den Beziehungen zwischen den Geschlechtern, der Einfluss der Religion und ihr Niedergang als kontrollierende Kraft in vielen Gesellschaften, die Rollen, die Film und Fernsehen anbieten, mehr Spielraum für Freundschaften in der Jugend und der Einfluss von Social Media darauf und vieles mehr machen das immer schon hochkomplexe Phänomen der Freundschaft noch verwirrender und vielfältiger.

Die Begriffe „Freund" und „Freundschaft" sind mittlerweile derart gedehnt und erweitert, dass sie viel von ihrer Bedeutung eingebüßt haben; noch bevor wir beginnen, nach Trennungslinien zwischen Freundschaft und anderen Beziehungen zu fragen, noch bevor wir fragen, wie es Freundschaften zwischen Geschlechtern und Altersstufen, Kulturen und Gesellschaften, über verschiedene Erfahrungshorizonte und gegensätzliche Einstellungen hinweg geben kann. Die meisten der berühmten

Freundschaften in Geschichte und Legende sind solche zwischen Männern, und die meisten entpuppen sich auch als homosexuelle Beziehungen. Das wirft die Frage auf, ob sich nicht vieles, was man in der klassischen Antike und danach über Freundschaft dachte, auf eine sehr spezielle Variante bezieht, die sich um physische Anziehung und ihre Erfüllung dreht. Könnte dies unser Denken über die Ideale der Freundschaft nicht in die Irre führen, wo unsere Intuition uns doch sagt, dass Freundschaft sich fundamental von Leidenschaft und Begehren unterscheidet? Unter dem Einfluss des Letzteren ersetzen biologische Imperative leicht soziale und psychologische Interessen, die nach Meinung vieler der wahre Bereich der Freundschaft sind, während sexuelle Triebe zu einer ganz anderen Geschichte gehören. Ist das korrekt? Müssen Liebende und Eheleute sich von dieser Art der Verbindung lösen, bevor Freundschaft entstehen kann? Die Intuition wehrt sich gegen diesen Gedanken.

Trotzdem: Wie Liebe ist auch Freundschaft viel mehr eine Sache des Gefühls als der Berechnung. Ist Letztere im Spiel, würden wir der Beziehung kaum den Namen Freundschaft geben. Natürlich gehören gegenseitiger Nutzen, Hilfe, Vorteil und Unterstützung zur Idee der Freundschaft, doch sind sie im Allgemeinen die Folge und nicht die Ursache für das emotionale Engagement, das Freundschaft ausmacht. Bilden sie jedoch das Motiv, die Freundschaft einer anderen Person zu suchen, sind wir instinktiv misstrauisch. Wir sprechen von „Ausnützen", von Unaufrichtigkeit und mangelnder Vertrauenswürdigkeit, von falscher Freundschaft, in der die scheinbare Beziehung hohl ist, weil Wesentliches und Grundlegendes fehlt. Dieses Grundsätzliche zu bestimmen heißt zu verstehen, was im Zentrum einer freundschaftlichen Beziehung steht. Dabei können wir uns von einer Überlegung anspornen lassen: Weil wir spüren, dass etwas fehlt, sollten wir uns auch einigermaßen klar darüber sein, was es ist. Es kann nicht schwer sein, den Kern des Konzepts zu finden, auch wenn Varianten und Besonderheiten sich in alle Richtungen ausbreiten.

Es ist auch nicht schwer. Wesentlich und grundsätzlich für eine Freundschaft ist, dass sie zwanglos, spontan und großzügig gewährt wird und dass sie mindestens so sehr aufgrund von unbewussten Zeichen eingegangen wird, die Zuneigung erzeugen, als aufgrund von etwas, das die Beteiligten als Grund für sie anführen könnten. Zweifellos kann es im Nachhinein jede Menge solcher Gründe geben: Gemeinsame Interessen, Einstellungen, Ansichten, Geschmack, Stil, Auftreten, Verhalten, ein ähnlicher Sinn für Humor werden breiten Raum einnehmen. Doch die Erforschung menschlicher Interaktionen versichert uns, dass viel – vielleicht der größte Teil der Grundlagen – für unsere Urteile über andere unbewusst ist. Im komplexen Netzwerk von Faktoren, die Einfluss auf die Wahl unserer Freunde haben, kann es sogar Aspekte geben, die uns nie bewusst werden – auch Unerwartetes wie ein bestimmter Geruch, eine unbemerkte Ähnlichkeit in der Erscheinung, ein Klang in der Stimme, eine Geste von Menschen, die wir schon länger gemocht oder bewundert haben. Es ist verlockend, die Erklärung dafür, warum Menschen Freunde werden, insbesondere wirklich gute, enge, dauerhafte Freunde, mit einem Zitat von Montaigne in seinem Essay „Über die Freundschaft" kurzzuschließen: „Wenn man in mich dringt zu sagen, warum ich Étienne de la Boétie liebte, fühle ich, daß nur eine Antwort dies ausdrücken kann: ‚Weil er er war; weil ich ich war.'"

Freundschaft ist also viel mehr eine Sache der Gefühle als des Verstandes, trotzdem gab es in der Philosophie – „Philosophie" hier verstanden im weitesten Sinn als ein mündiges Gespräch, das die Menschheit mit sich selbst führt, über Dinge, die ihr am meisten bedeuten – seit Langem eine Diskussion über Freundschaft als eine der besten und wünschenswertesten menschlichen Beziehungen. Auch wenn nicht wenige der in der Tradition angeführten Beispiele tatsächlich männliche Liebesbeziehungen sind, ist doch etwas bemerkenswert: Das Ideal der Freundschaft steht anderen menschlichen Verbindungen nahe, vor allem der Liebe mit ihrer eigenen Vielfalt an Gestalten und Ausprägungen. Diese Nähe beschwört auch Gegensätze herauf: Wenn Oliver Goldsmith meint, dass „Freundschaft ein uneigennütziger Handel zwischen Gleichen ist, Liebe jedoch ein erbärmlicher Verkehr zwischen Tyrannen und Sklaven", sagt er etwas Wahres über die meisten Freundschaften, doch keineswegs über alle Liebesbeziehungen. Dabei wird deutlich, dass wir bei allen Unterschieden keine scharfen Grenzen ziehen können, es geht vielmehr um Eindrücke, unscharfe Übergänge, es gibt immer viele Spielarten und Besonderheiten.

Vielleicht ist es hilfreich, einen Blick auf die Debatten über Freundschaft zu werfen. In den kommenden Kapiteln werden nur die wichtigsten dieser Themen im Detail erkundet.

Zweifellos haben Denker seit jeher menschliche Beziehungen beobachtet und darüber nachgedacht, doch erst aus der klassischen Antike stammen voll ausgeprägte intellektuelle Untersuchungen über Freundschaft und – noch eingehender – über andere, benachbarte Beziehungen, insbesondere Liebe. Platons „Lysis" ist der erste Text, der *philia*, die Freundschaft, von *eros*, der leidenschaftlichen Liebe, unterscheidet; sein *Symposion* ist der Klassiker der Letzteren. Jahrhundertelang Hauptreferenz für Gespräche über Freundschaft war allerdings die *Nikomachische Ethik* von Aristoteles. Man könnte sagen, dass bis in die Moderne alles, was über das Thema gedacht oder geschrieben wurde, keinen anderen Ausgangspunkt hatte oder haben konnte als Aristoteles.

Die Vorherrschaft von Aristoteles in dieser Debatte beruht zum großen Teil auf der Tatsache, dass er Freundschaft als wesentlich für ein gelungenes und erfülltes *(eudaimon)* Leben verstand. Als beste und höchste Form der Freundschaft sah er jene zwischen guten Menschen, wenn jeder den anderen liebt *(philein)*, weil dieser gut ist. Die Freundschaft der Guten basiert auf tugendhaften Handlungen, und dazu gehört, dass die Beteiligten reflektiert sind und die richtige Art von Selbstachtung besitzen, die es ihnen ermöglicht, andere Gute auf rechte Art zu lieben. Entscheidend dabei ist: Um andere als weiteres Selbst zu lieben, muss man sich selbst auf tugendhafte Weise lieben (nicht selbstsüchtig, egoistisch oder eingebildet). Dies befähigt uns, tugendhafte andere Personen zu lieben, weil sie dieselben Interessen haben. Ein zentraler Punkt in Aristoteles' Vorstellung von einem guten Leben war, dass es aus wohltuenden und nutzbringenden Handlungen gegenüber Freunden besteht, denn ein wirklich guter Mensch braucht und wünscht sich Freunde, damit er ein gutes Leben leben kann.

Epikureer und Stoiker definierten die *ataraxia* – innere Ruhe und Frieden – als Ziel eines guten Lebens, vielleicht, weil sie mit mehr praktischen Bedürfnissen in weniger sicheren Zeiten nach dem klassischen Zeitalter lebten. Epikur stimmte mit Aristoteles weitgehend überein, doch im Unterschied zu diesem glaubte er nicht, dass Freundschaft nur dann am besten sein kann, wenn sie nicht für andere Ziele instrumentalisiert wird – wenn sie also in sich selbst gut ist –, er meinte, dass sie tatsächlich einem anderen Ziel dient, nämlich der *ataraxia* selbst. Andere Stoiker waren ganz anderer Ansicht: Ein wirklich stoisches Leben sei indifferent gegenüber allem, was man nicht kontrollieren könne (der angestrebte Geisteszustand ist die *apatheia*), einschließlich des Schicksals und der Lebensumstände anderer. Daher genüge das vollkommen selbstbeherrschte Individuum sich selbst und benötige weder Freunde oder Freundschaften für die angestrebte *ataraxia*, noch würde es die Möglichkeit zur Erreichung der *ataraxia* vom Schicksal anderer abhängig machen, auf das es keinen Einfluss hat.

Diese scheinbar kalte Ansicht entspricht nicht dem allgemein stoischen Verständnis. Spätere Stoiker betrachteten Freunde und Freundschaft so sehr als Teil eines wertvollen Lebens – mehr noch: als Chance, edel zu leben –, wie man sich das nur wünschen kann. Sie meinten, die Unerschütterlichkeit, die sie anstrebten, schließe die Möglichkeit zur Freundschaft nicht völlig aus, doch müsse man unterscheiden zwischen der normalen, gefühlsmäßigen Reaktion der Menschen gegenüber Dingen und der „eupathischen" Einstellung, die vom Verstand kontrolliert wird. Ohne die intellektuelle Einwilligung des Stoikers entfalten emotionelle Impulse niemals Handlungen oder weitere Gefühle. Doch können eupathische Reaktionen die Form von Freundschaften oder gar leidenschaftlicher Liebe annehmen und auch als solche bezeichnet werden: Unverkennbar stoisch macht sie, dass sie bewusst gewählt werden. Die *adaequatio intellectus et rei* – die korrekte Übereinstimmung zwischen unserem Denken und den Dingen – ist die Basis für Güte im Leben, und „der Natur folgen" ist ein Teil dieser Übereinstimmung (unter Einbeziehung der menschlichen Instinkte für Zuneigung,

Gemeinschaft und Liebe, sowohl in ihrer physischen wie auch emotionalen Form).

Das Werk, das diese Äußerungen mit beinahe tausend Jahren christlicher Ansichten über Freundschaft verbindet, ist Ciceros *Laelius: De amicitia*, nicht zuletzt deshalb, weil es nicht nur Augustinus' Denken im fünften Jahrhundert unmittelbar befruchtete, sondern auch Aelred von Rievaulx im 12. und Thomas von Aquin im 13. Jahrhundert. Doch liegt die Bedeutung Ciceros nicht allein in seinem Einfluss: Seine Schrift ist selbst eine großartige Abhandlung zum Thema.

In Ciceros Bericht, der auf der praktischen Welt von Geschäftsleuten und Politikern beruht, gibt es einen Aspekt, der in vorangegangenen Debatten entweder fehlt oder ungenügend berücksichtigt wird – das Element des gegenseitigen Respekts. Mit einer sehr wichtigen Konsequenz: Man anerkennt, dass ein Freund ein vom eigenen verschiedenes Selbst ist, nicht ein weiteres Selbst wie in der aristotelischen Idealisierung. Dies ist ein sehr wichtiger Punkt für jeden, der es unternimmt, den Sinn von Freundschaft zu erkennen, wie sie ist, und dabei vom Gedanken ausgeht, dass die gegenseitige Auslöschung der Identitäten nicht das ist, worum es geht.

Die christliche Tradition konnte die Idee der Freundschaft nicht unmittelbar aufnehmen, denn ihr Ideal vollkommener Liebe war die selbstlose, fürsorgliche Liebe, die *agape*. Während Freundschaft individuell bevorzugt, das Interesse an einer bestimmten Person über andere stellt und dadurch den Freund derart privilegiert, dass die Beziehungen zu anderen nur bedingt und von geringerem Wert sind, zielt die christliche *agape* darauf, unvoreingenommen, universell und bedingungslos zu sein. Augustinus, der selbst tiefe Freundschaften pflegte, bot folgenden Ausweg: Individuelle Freundschaft sei ein Gottesgeschenk und ein Weg zur höchsten Liebe, der Liebe zu Gott. Die Liebe zu einem anderen Menschen sei hilfreich für die Liebe zu Gott und werde dadurch selbst emporgehoben und aufgewertet. Hier klingt Platon durch, nicht über die *philia*, sondern über den *eros* des *Symposion*, in dem menschliche Zuneigung ebenfalls ein Weg zur Transzendenz ist, wenn sie richtig umgesetzt wird.

Aelred war nicht dieser Ansicht. Er wollte mit Cicero glauben, dass Freundschaft sich selbst rechtfertigt, auch wenn er wie Augustin meinte, dass nur Christen einander echte Freunde sein könnten. Seine Lösung bestand darin, zu sagen, dass die christliche Freundschaft eine spirituelle Angelegenheit sei, dass Freunde miteinander im Herzen der Fürsorge lebten, dass sie deren wesentliche Tugenden – Mäßigkeit, Besonnenheit, Treue etc. – gemeinsam erfuhren und gegenseitig förderten und Freundschaft so zur Übung für ein göttliches Leben machten.

Thomas von Aquin vertrat den Standpunkt, dass die Liebe zwischen Freunden – bei der einer den anderen nur um seiner selbst willen liebt und umgekehrt – ein Modell für die Liebe zu Gott sei, die es uns ermöglicht, selbst Gott ähnlicher zu werden. In dieser Perspektive scheint die Beziehung zu Gott die allerhöchste Form der Freundschaft zu sein, was manchen seltsam vorkommen mag: Ein völlig selbstgenügsames Wesen braucht per definitionem gar nichts, in welcher Hinsicht auch immer, auch keine Freunde oder das, was Freundschaft bieten kann. Wie also kann man Freundschaft mit einer Gottheit schließen, deren Selbstgenügsamkeit jede Gegenseitigkeit ausschließt? Denn einseitige Freundschaft ist (wie Platon und Sokrates im *Lysis* darlegen) wohl kaum echte Freundschaft.

Moderne Ansichten über Freundschaft folgen dem Perspektivenwandel der Renaissance: Sie suchte für alles Wertvolle keinen Platz mehr auf der göttlichen Skala, sondern einen eigenständigen Platz im menschlichen Wertesystem. Der rote Faden einer Differenz gegenüber und einer Kontinuität von antiken und mittelalterlichen Ansichten läuft von Boccaccio, Montaigne und Bacon über Kant, Emerson, die Utilitaristen und Nietzsche bis zu unserer eigenen, zeitgenössischen Debatte. Die Unterschiede der Ansichten sind erheblich und nehmen zu.

Kant betonte, eine gemeinsame Moral sowie Gleichheit und Gegenseitigkeit von Respekt und Zuneigung seien wesentlich für eine vollkommene Freundschaft. Doch müssen sie willentlich sein – ein Akt der Vernunft, nicht der Gefühle. Diese sind unvernünftig und unwillkürlich, weil sie den Naturgesetzen unterliegen, und können daher bei der

Entstehung einer Freundschaft bestenfalls mitwirken. Darüber hinaus ist das emotionale Interesse am Glück eines Freundes nur der schlecht verhohlene Wunsch nach eigenem Glück, weil unsere Verbindung zu einem Freund uns selbst unglücklich macht, wenn dieser aus irgendeinem Grund unglücklich ist: Wir sind um sein Wohl besorgt, weil wir um unser eigenes Wohl besorgt sind. Vollkommene Freundschaft besteht zwischen jenen, die sich gegenseitig als Selbstzweck behandeln, ohne auf eigene Gefühle zum Wohlergehen des anderen Rücksicht zu nehmen.

Im konträren Ansatz Nietzsches – dass ein Freund jemand ist, der dagegenhält und dadurch stärkt, der herausfordert, der nicht hilft, indem er einen Teil der Last eines Freundes übernimmt, sondern ihm hilft, indem er ihn bekämpft – schlägt das Pendel in die andere Richtung aus. Oscar Wilde stellt die Sache nicht viel anders dar, wenn er einen Freund als jemanden beschreibt, der „dich von vorne" ersticht. Aber auch unter jenen, denen die klassische Debatte noch bewusst ist, Autoren, die sich eine praktischere und weltlichere Basis zum Verständnis der moralischen Werte von Freundschaft wünschen, findet sich weniger Respekt für alte Frömmigkeiten – und noch weniger für die Frömmigkeiten einer Religion, die zwischen dem Dienst am Heiligen und dem Profanen zerrissen ist. Die Befreiung vom Bedürfnis nach einer dritten Partei in der Beziehung schafft Platz für eine Reihe neuer Ansichten. Aus seiner Freundschaft mit Étienne de la Boétie leitete Montaigne eine Vorstellung ab, die Aristoteles „ausaristotelisierte", indem sie glaubte, dass wahre, vollkommene, absolute Freundschaft ein völliges Verschmelzen zweier Selbste in eines sei, sodass es nicht mehr um Freundschaft gehe, sondern um absolute Identität jenseits aller Erklärungen.

Eine solche Antwort ist ein Problem für den Utilitarismus, dessen Prinzip der Maximierung von Glück oder Nutzen für die größtmögliche Anzahl von Menschen mit dem Christentum gemeinsam hat, dass man gegen die Bevorzugung ankämpft, die Freunde füreinander gegenüber Nicht-Freunden hegen. Kann es überhaupt ein konsistentes utilitaristisches Konzept von Freundschaft geben? Selbstverständlich, in einem ganz bestimmten Sinn: Es maximiert den Nutzen, wenn jeder zu jedem so freundlich wie möglich ist. Man könnte auch argumentieren, dass wir den allgemeinen Nutzen maximieren, wenn jeder von uns seine Energien darauf konzentriert, ihn für einen oder mehrere ausgewählte andere zu maximieren. Könnte dies Teil einer Erklärung sein, was Freundschaft ist, warum sie wichtig ist, was uns motiviert, Freundschaften zu schließen und unseren Freunden zugetan zu sein?

Manche Ansichten der feministischen Philosophie sehen die Idee des „Zugetanseins" – wohlwollende Zuwendung und Interesse – als entscheidend an und als etwas, das die möglicherweise entgegenstehende Idee der Gerechtigkeit mit ihrer Konnotation von Unvoreingenommenheit und Gleichbehandlung aller aussticht. Die gegenseitige Zuwendung, charakteristisch für Freundschaft, ist parteiisch, einseitig und vorsätzlich, ihr Wert für die Beteiligten führt dazu, dass sie sagen, in einem Wettbewerb zwischen universalistischen Ansichten, wie sie die unvoreingenommene Gerechtigkeit verkörpert, und der Parteilichkeit der „Zuwendungsperspektive" obsiegt Letztere. Natürlich muss man einen Unterschied machen zwischen *Freundschaft* als Schauplatz der Zuwendung und anderen Beziehungen, in denen eine altbekannte Schwierigkeit besteht: Nicht alle, vielleicht nicht einmal die meisten Zuwendungen sind gegenseitig – oft sind sie einseitig oder zumindest ungleich. Allgemein könnte man sagen, dass eheliche oder eheähnliche Beziehungen zwischen Männern und Frauen oft Ungleichheiten bei der Zuwendung aufweisen, und die Beziehungen zwischen Eltern und Kindern tun dies auf jeden Fall. Doch sind dies keine Freundschaften, zumindest nicht in dieser Form – und es ist möglicherweise gerade die Ungleichheit, die das verhindert. Wenn das stimmt, dann sind wahrscheinlich Gegenseitigkeit von Zuwendung und Sinn für Gerechtigkeit nicht nur miteinander vereinbar, sondern tatsächlich eine weitere Voraussetzung dafür, dass eine Beziehung eine Art Freundschaft ist.

Fast ausschließlich in jüngsten Debatten sind weibliche Perspektiven über Freundschaft zur Sprache gekommen. Dies ist Teil der Unterdrückung weiblicher Stimmen im größten Teil der Geschichte, sodass im Rückblick über die Landschaft unserer Untersuchung der Ton fast zur Gänze und gnadenlos männlich ist.

Vera Brittain schreibt in *Testament of Friendship,* ihrer Biografie über ihre Freundin Winifred Holtby:

> *„Seit den Tagen Homers genießt die Freundschaft zwischen Männern Ruhm und Beifall, die Freundschaft zwischen Frauen wird trotz Ruth und Naomi gewöhnlich nicht nur nicht besungen, sondern verspottet, belächelt und falsch verstanden. Ich hoffe, dass Winifreds Geschichte dazu beitragen wird, dass dieser angeschlagene Ruf getilgt wird, und ihren Lesern zeigt, dass Loyalität und Zuneigung zwischen Frauen eine edle Beziehung formen, die die Liebe eines Mädchen zu ihrem Liebhaber, einer Frau zu ihrem Ehemann, einer Mutter zu ihren Kindern nicht mindert, sondern bereichert."*[1]

An diesen Bemerkungen überrascht ihr apologetischer Charakter; nicht einmal hier dürfen „Loyalität und Zuneigung zwischen Frauen" aus sich selbst heraus bestehen, sondern bedürfen der Rechtfertigung in Bezug auf Liebhaber, Ehemänner und Kinder, die das Vorrecht auf Loyalität und Zuneigung besitzen.

Der Grund ist offensichtlich: Bis vor sehr kurzer Zeit war es für Frauen nahezu unmöglich, sich anders zu definieren als über die Rollen, die sie spielten – als Liebhaberinnen, Ehefrauen und Mütter, als Kindermädchen und Lehrerinnen. Brittain zitiert die Einführung von May Sinclair zu einer Ausgabe von Elizabeth Gaskells *Life of Charlotte Brontë:*

> *„Würde man den Friedhof von Haworth und die Beziehungen von Charlotte auslassen, wäre es möglich, eine ‚Biografie' über sie zu schreiben, die ganz Heiterkeit und Sonnenschein wäre. Die Biografien großer Männer lassen solche Auslassungen zu. Ihre Beziehungen betreffen sie im allgemeinen nicht, außer als vorübergehende Hindernisse (mehr oder weniger unangenehm) für ihre Karriere.*
>
> *Bei großen Frauen ist das anders. Sie können sich nicht auf diese Weise von ihren Beziehungen befreien. Man kann ihre Leben nicht von ihnen selbst trennen, ihre Arbeit ist in vielen Fällen ohne sie nicht zu erklären … Eine Frau kann ihrer Familie nicht entkommen, nicht einmal in ihrer Abwesenheit. Sie kann sie verlassen, oder die Familie kann sie verlassen, aber sie ist an sie mit unzerreißbaren, unzerstörbaren Banden gefesselt. Alles, was die Familie ihr angetan oder für sie getan hat, dauert nachhaltig in ihrer Erinnerung fort. Wie sehr auch verlassen oder ignoriert, lebt die Familie dort*

unsterblich weiter. Man stelle sich den Einfluss vor, den sie auf Charlotte gehabt haben muss, die sie niemals verlassen oder ignoriert hat."[2]

Dabei – um zu verallgemeinern – bestätigen Anekdoten ebenso wie Erfahrung, dass Freundschaften zwischen Frauen enger sein können und es oft auch sind, dauerhafter, vertrauensvoller und solidarischer, intimer, stärker und vollständiger, als es zwischen Männern üblich ist, deren Kameradschaft oft mehr darauf basiert, etwas gemeinsam zu tun als etwas zueinander zu sagen. Männer verschleiern ihre Verschwiegenheit über private und intime Dinge durch die Betonung äußerer Dinge – Karriere, Sport, Neuigkeiten, praktische Interessen und ähnliche Dinge.

Manches bisher Gesagte umreißt den begrifflichen Bereich, und im Folgenden wird nur ein Teil der angesprochenen zentraleren Motive und Eigenschaften untersucht. Wichtiger noch ist anzumerken, dass man nicht in der Philosophie als solcher – einem diskursiven Unternehmen begrifflicher Analysen –, sondern in der Literatur genauere Einsichten über Freundschaft findet, und zwar gelebt eher denn als theoretische Abstraktion, Idealisierung und Gegenstand der Theorie. Es kann nicht nur Zufall sein, dass Platon und Aristoteles die Freundschaft vor dem Hintergrund eines öffentlichen Austausches diskutiert haben, in der Sophokles und Aischylos den Ton angaben und die *philoi* – die in den Banden der *philia* – auch Familie und Verwandtschaft waren, nicht bloß ausgewählte andere. Würden die natürlichen Bindungen der Verwandtschaft auch für die gewählten Bindungen der Freundschaft gelten und könnten diese auch auf Fremde – *xenoi* – ausgedehnt werden, dann wüssten wir gern, was sie gemeinsam haben.

An manchen Stellen müssen wir die Beispiele für Freundschaft aus literarischer und legendärer Überlieferung betrachten, um zu erkennen, welche Modelle jene im Kopf hatten, die darüber theoretisierten. Ich tue dies in einem Kapitel, das den historischen Überblick über die Ideen von Freundschaft von der Untersuchung über unsere gegenwärtige Lage trennt und wie wir diese in ihrer Vielfalt und Komplexität verstehen könnten sowie in ihrer zentralen Bedeutung für ein gutes und erfülltes Leben.

Auf den folgenden Seiten geht es nicht um eine Geschichte der Freundschaft, auch nicht um eine soziologische oder psychologische Abhandlung oder um ein Selbsthilfe- oder New Age-Buch über Freundschaft. Es geht eher um eine Untersuchung der *Idee* von Freundschaft, eine (im weitesten Sinn) philosophische Erforschung von Ansichten darüber.

Im ersten Teil biete ich einen Überblick über Untersuchungen zur Freundschaft vor allem in der Geschichte der Philosophie, angefangen bei den klassischen Quellen, die so vieles im nachfolgenden Denken über das Thema bestimmt haben. Der zweite Teil ist ein Exkurs in die Beispiele großer Freundschaften in Legende und Literatur, die oft angeführt werden von jenen, die den Gegenstand untersuchen, und die wir daher ebenfalls kennen müssen. Der dritte Teil handelt von heutigen Debatten über Freundschaft, einschließlich meiner eigenen Ansichten und Erfahrungen in Bezug auf das Vorangegangene. Die Rechtfertigung für Letzteres ist, dass am Ende das Persönliche und Subjektive das Maß dafür sind, was wir in diesem Bereich einleuchtend finden – als einem jener Bereiche, wo dies legitim ist und gerade deshalb umso bedeutungsvoller.

Ich durchstreife philosophische, historische und literarische Quellen nicht methodisch und systematisch, sondern je nach Gelegenheit und Bedarf. Ähnlich wie wenn man seine Instrumente an verschiedenen Stellen in die Strömungen eines Ozeans hält, um ein Gespür für ihre Richtung zu erhalten: Das war Teil des hier angewandten Verfahrens.

Teil 1
IDEEN

Kapitel 1

Lysis und Symposion

Freundschaften gab es, lang bevor jemand daran dachte, sie zu analysieren, und noch länger, bevor philosophische Abhandlungen darüber geschrieben wurden. Doch schon die allerersten ernsthaften Diskussionen über Freundschaft – wenig überraschend, dass sie an der Quelle der westlichen Zivilisation stattfanden, in der klassischen Zeit der Antike in Griechenland – schufen die Grundlage für nahezu alle Debatten danach.

Als erster philosophischer Text über das Konzept der Freundschaft muss Platons Dialog *Lysis* genannt werden, davor jedoch eine Warnung: Diese Abhandlung ist recht unbefriedigend, nicht nur, weil sie wie viele von Platons früheren Werken unschlüssig bleibt und den Gegenstand so unklar zurücklässt, wie er aufgenommen wurde, sondern auch, weil sie eine Besonderheit dieser Dialoge allzu sehr veranschaulicht: die Spitzfindigkeiten, die Sokrates seine allzu leichten Siege über seine Gesprächspartner ermöglichen, die ihn eigentlich nicht so einfach davonkommen lassen sollten.

Abgesehen von diesen Vorbehalten, gibt es zwei nützliche Punkte in den *Lysis*-Diskussionen: zum einen die nebenbei geäußerten Bemerkungen über Freundschaft, die Sokrates und seine Gesprächspartner als Gemeinplätze betrachteten und die zeigen, was die Griechen jener Zeit darüber dachten; zum anderen den Kontrast zwischen diesen Gemeinplätzen – sowie den anderen Argumenten zur Freundschaft im *Lysis*-Dialog – und dem Konzept der Liebe, das in Platons berühmterem Dialog besprochen wird, im *Symposion*.

Die Allgemeinplätze über Freundschaft, von denen Platon in *Lysis* ausgeht, wurden von Aristoteles nicht zur Gänze übernommen. Dessen wesentlich reichhaltigere und detailliertere Abhandlung über Freundschaft in der *Nikomachischen Ethik* ist zum Teil eine Reaktion auf die Ansichten in *Lysis*, insbesondere dort, wo Platon der Freundschaft ganz beiläufig im Wesentlichen utilitaristische Aspekte zuweist – indem sie Nutzen von Freunden füreinander oder (für Aristoteles noch schlimmer) von einem für den anderen erzeugt.

Der Gegensatz zwischen Freundschaft in *Lysis* und Liebe in *Symposion* verblüfft, nicht zuletzt deshalb, weil die Diskussion in *Lysis* davon ausgeht, dass eine bestimmte Art von Liebe – die eines älteren Mannes zu einem jüngeren – sich zumindest großteils mit dem Konzept von Freundschaft deckt, auch wenn Letztere, wie der Dialog beiläufig feststellt, umfassender ist. *Symposion* ist ein späteres, philosophisch wesentlich reiferes Werk mit einer ganz anderen Absicht, nämlich festzustellen, dass die Liebe zur schönen Form integraler Bestandteil eines guten Lebens ist. Dieser umfassende ethische Anspruch fehlt in *Lysis* – trotz (erneut beiläufiger) Anspielungen auf Tugenden und andere, weniger tugendhafte Bedürfnisse. Im *Symposion* ist das Konzept der Freundschaft – *philia*, das Thema der *Lysis* – dem *eros* untergeordnet, der hier besprochen wird; dessen schließliche Veredelung zur „platonischen Liebe“ wird Sokrates (wie er seinen Begleitern sagt) von einer Priesterin von Mantinea namens Diotima beschrieben.

Lysis wird vorgeblich von Sokrates selbst erzählt. Er berichtet, wie er eines Tages auf dem Rückweg von der Akademie nach Athen von einer Gruppe von Knaben aufgehalten und eingeladen wird, an ihrem Gespräch teilzunehmen. Einen von ihnen, einen Jungen namens Hippothales, fragt er, ob er einen „Favoriten“ habe – jemanden, den er liebt –, und erfährt, dass dies ein Junge namens Lysis ist, der Sohn eines reichen Patriziers namens Demokrates. Wir sollen uns vorstellen, dass Hippothales in der Mitte des zweiten Lebensjahrzehnts steht, während Lysis ungefähr zwölf Jahre alt ist, dass dieses Paar also viel jünger ist, als dies normalerweise bei dieser Art von Beziehungen der Fall ist. Das ist zweifellos Absicht, denn der

Dialog dreht sich mehr um die Beziehung zwischen Lysis und dem etwa gleichaltrigen Menexenos, eine reine Freundschaft ohne erotische Untertöne, im Gegensatz zur Leidenschaft, die Hippothales für Lysis empfindet, die – wie man uns zu verstehen gibt – nicht erwidert wird.

Es ist daher nur eine Nebenhandlung, in der Sokrates dem Hippothales erklärt, dass er Lysis auf völlig falsche Art umwirbt, wenn er ihn und seine Familie rühmt, ihm Gedichte und Lieder widmet und sie ihm vorsingt. Stattdessen, meint Sokrates, sollte Hippothales Lysis daran erinnern, dass er noch ein unwissendes Kind ist, und ihn so demütigen, statt ihm zu schmeicheln: „So, o Hippothales, muss man mit dem Liebling reden, ihn demütigend und zur Ordnung bringend, nicht aber ihn aufgeblasen und eitel machen."[3]

Der eigentliche Inhalt der Diskussion über Freundschaft findet sich nicht in dieser Äußerung selbst, sondern in der Rahmenhandlung. Sokrates fragt Lysis' Freund Menexenos, wer von beiden älter sei.

> *Wir streiten darüber, antwortete er.*
> *Auch wohl darüber, sprach ich, könntet ihr streiten, welcher der Vornehmere wäre?*
> *Allerdings.*
> *Gewiss auch, welcher der Schönere, eben so?*
> *Da lachten sie beide.*
> *Keineswegs aber, sprach ich weiter, will ich fragen, welcher der Reichere ist von euch beiden, denn ihr seid ja Freunde, nicht wahr?*
> *Gar sehr, sagten sie.*
> *Und Freunden ist ja alles gemein, wie man sagt. Sodass hierin keine Verschiedenheit stattfinden kann, wenn ihr die Wahrheit sagt von eurer Freundschaft.*
> *Das gaben sie zu.*
> *Und hierauf war ich eben im Begriff zu fragen, welcher wohl der Gerechtere und Weisere wäre von ihnen. Indem aber kam einer, dem Menexenos zu sagen, der Meister der Palaistra riefe nach ihm …*[4]

Gerechtigkeit, Weisheit und Adel sind Tugenden, Schönheit – physische Schönheit – und Reichtum sind es nicht. Indem er die Knaben ausfragt, untersucht Sokrates die Frage, die er – nach dem Bericht in *Charmides*

– immer schon beantwortet haben wollte: Ob dieser oder jener bemerkenswerte Jugendliche die Eigenschaft hat, die größer ist als physische Schönheit, nämlich Schönheit der Seele.[5] Für uns wichtig ist die Bemerkung: „Keineswegs aber, sprach ich weiter, will ich fragen, welcher der Reichere ist von euch beiden, denn ihr seid ja Freunde, nicht wahr? … Und Freunden ist ja alles gemein, wie man sagt. Sodass hierin keine Verschiedenheit stattfinden kann, wenn ihr die Wahrheit sagt von eurer Freundschaft."

Die nächste Annahme taucht am Ende der Vorhaltungen über „Erniedrigen und Demütigen" gegenüber Lysis auf, wenn Sokrates ihn fragt: „Werden wir also jemandem lieb sein, und wird uns jemand lieben in Einsicht auf dasjenige, wozu wir unnütz sind? … Wenn du aber verständig wirst, Junge, dann werden alle dir freund und alle dir zugetan sein, denn du wirst brauchbar sein und gut. Wenn aber nicht, so wird weder irgend ein anderer dir freund sein, noch selbst dein Vater, oder deine Mutter, oder deine Verwandten."[6]

Auf diese Weise erfahren wir, dass Freunde jene sind, die alles gemeinsam haben und einander nützlich sind. Dieses Bild haben wir vor Augen, wenn wir Sokrates' leidenschaftliche Beteuerung lesen, dass das, nach dem er sich immer mit ganzem Herzen gesehnt hat, Freunde sind: „Ich trage nämlich von Kindheit an großes Verlangen nach einer Sache … den Besitz von Freunden ganz leidenschaftlich … beim Hunde, dem ägyptischen Gott, ich würde allem Golde des Dareios, so sehr es auch zu schätzen ist, bei Weitem den Besitz eines Freundes vorziehen …"[7] Sokrates sagt Menexenos, wie sehr er ihn um die vollkommene Freundschaft beneidet, die er und Lysis scheinbar so leicht begründet haben, und möchte ihn ausfragen, wie er das angefangen hat. Doch der Dialog verfällt dann in eine sophistische Übung darüber, dass Menexenos sich festlegen soll, ob ein Paar gegenseitige Freundschaft pflegen kann, wenn nur einer den anderen liebt, und wie man in diesem Fall feststellen kann, welcher der Freund ist, denn wenn der Freund jener ist, der den anderen liebt, dann könnte es sein, dass Menschen von ihren Feinden geliebt werden können, die daher ihre Freunde sind … und so weiter in ein Paradox.[8]

Diesen Teil des Gesprächs hätte Menexenos kurzschließen können, wenn er sich geweigert hätte zu akzeptieren, dass es wahre Freundschaft geben kann, die nicht auf Gegenseitigkeit beruht, und dass eine Beziehung als Freundschaft bezeichnet werden sollte, auch wenn eine Person eine andere unerwidert liebt (der Dialog spricht auch hier von *philia*, nicht von *eros*) und daher ihr Freund ist. Denn was immer das ist, es verdient als solches nicht den Namen der Freundschaft.

Näher bei der Sache ist die Diskussion, in der Sokrates und Lysis darin einig sind, dass die Idee etwas für sich hat, dass Ähnlichkeit sich anzieht, dass jedoch böse Menschen trotz ihrer Ähnlichkeit nicht deshalb Freunde sein müssen, eben weil sie böse sind. Um Freundschaft handelt es sich nur, wenn gute Menschen einander ähnlich sind. Doch Sokrates gleitet hier in die Verallgemeinerung ab, dass „nur der Gute und nur dem Guten freund ist“ (veranlasst durch die Idee, dass jene, die sich als Gute ähnlich sind, einander auch sonst ähneln – ein Fehlschluss), und er erklärt, dass er damit nicht zufrieden ist,[9] was er tatsächlich auch nicht sein sollte, denn jene, die sich in mancher Hinsicht ähneln, können in anderen Bereichen völlig verschieden sein, und dass sie die Güte gemeinsam haben, kann auch das Einzige sein, worin sie einander ähneln. Sein Argument lautet: Wenn zwei Menschen einander ähneln, können sie einander nur geben, was sie sich selbst geben können. „Wie können sie Anhänglichkeit aneinander haben, da sie einander gar keine Hilfe gewähren?“ Nachdem Lysis sowohl zu den sophistischen Argumenten als auch zur instrumentellen Sicht der Freundschaft schwache Zustimmung äußert, kann Sokrates den Schluss ziehen, dass „der Ähnliche dem Ähnlichen nicht freund“ sein kann, „sofern er ähnlich ist“.[10] Auf diese Weise verneint er, was wir instinktiv als wahr erkennen, nämlich dass gemeinsame Interessen und Ansichten, ein ähnlicher Sinn für Humor und eine gemeinsame Vergangenheit ein kräftiges Bindemittel für Beziehungen sind – und dass es das ist, was wir meinen, wenn wir davon sprechen, dass Menschen einander ähnlich sind.

Sokrates findet einen Weg, den Gedanken zurückzuweisen, dass „der Gute dem Guten“ Freund sein könne, „sofern er gut ist“, indem er argumentiert, dass gute Menschen, weil sie gut sind, sich selbst genügen und keinen anderen brauchen, und weil „der keines bedarf, wird auch keinem anhängen. Der aber keinem anhängt, wird auch keinen lieben. Und der nicht liebt, ist doch wohl nicht freund“. Woraus folgt, dass der Gute nicht Freund eines Guten sein wird.[11] Ein klassisches Beispiel früher platonischer Sophisterei („die Guten genügen sich selbst, daher brauchen sie nichts, daher werden sie auch für nichts Zuneigung empfinden“; diese Folgerungen sind offensichtlich falsch).

Im Folgenden denkt Sokrates darüber nach, ob Gegensätze am ehesten Freundschaften begründen, bis zu welchem Grad Freundschaft auf Bedürfnissen beruht („Medizin ist ein Freund der Gesundheit“, denn Krankheit braucht Medizin) und ob Geistesverwandtschaft zu Freundschaft führt – wobei er zugibt, dass der Unterschied zwischen Geistesverwandtschaft und Ähnlichkeit unklar ist. „Wenn nämlich weder die Geliebten noch die Liebenden, noch die Ähnlichen noch die Unähnlichen, noch die Guten noch die Angehörigen, noch was wir sonst durchgenommen haben ..., wenn also nichts von allem diesem der Gegenstand der Freundschaft ist, so weiß ich meines Teils nicht mehr, was ich sagen soll.“[12] An dieser Stelle erscheinen die Leibwächter der Knaben, um sie nach Hause zu bringen, sodass die Debatte unvollendet bleibt. Das ist keine Überraschung, sie hat sich ohnehin nicht auf eine Schlussfolgerung zubewegt.

Dennoch scheint Platon im *Lysis* zwei Dinge für sicher zu halten: zum einen, dass gegenseitiger Nutzen ein Grundprinzip von Freundschaft ist, zum anderen, dass Sokrates, indem er den Menexenos am Anfang des Dialogs ausgefragt hat, klargestellt hat, dass die Nützlichkeit eines Individuums für ein anderes und für seine Familie und Gemeinschaft eine Vorbedingung dafür ist, dass es sowohl als sein als auch ihr Freund betrachtet werden kann. Der unbemerkte Ausrutscher vom Persönlichen zum Sozialen – dass man „Freund“ als „Freund seiner Gemeinschaft“ und „Freund von Lysis“ gleichsetzen kann – ändert nichts daran, dass Freundschaft für Platon auf gegenseitigem Nutzen beruht und dieser zu ihrer ureigensten Natur gehört.

Seltsam ist in der Erzählung, wie gering Platon die Überzeugungskraft des Arguments der „Geistesverwandschaft" schätzt, das im modernen Verständnis von Freundschaft als wesentlich gilt. Er hat recht, wenn ihn die Frage beunruhigt, ob es einen großen Unterschied zwischen Geistesverwandtschaft und Ähnlichkeit gibt. Noch mehr sollte ihn das falsche Argument beunruhigen, dass zwei Menschen keinen Nutzen aneinander finden können, wenn sie einander ähnlich sind. Im Gegenteil, die Bekräftigung gemeinsamer Einstellungen und die Leichtigkeit, die durch gemeinsame Ansichten, Gewohnheiten und Neigungen entsteht, sind ein wesentlicher Grund für Freundschaft und wären zweifellos eine offensichtliche Quelle der Verbindung zwischen Lysis und Menexenos wie für jede andere.

Die Annahme, dass Freunde ihren Reichtum teilen, wenn sie wahre Freunde sind, besagt auch, dass das Teilen von anderen Dingen als Vermögen – Vertraulichkeiten, Gelegenheiten, Interessen, Neigungen – ebenso zu den Prinzipien der Freundschaft gehört.

Welche Gründe auch immer herbeizitiert werden können dafür, dass Menschen einander mögen, die einfache Wahrheit ist die: Menschen können sich mögen und tun es auch, und dies kann ausreichen, um eine Freundschaft zu beginnen, auch wenn es am Ende vielleicht nicht genügt, um sie zu erhalten. Bei seiner abschließenden Bemerkung hätte Sokrates dies berücksichtigen sollen, wenn er sagt: „O Menexenos und Lysis, wie lächerlich, dass ihr beiden Knaben und ich als alter Mann, der es wagt, sich mit euch in eine Reihe zu stellen, uns einbilden, wir seien Freunde – das werden Zuschauer sagen und weitergehen –, und dass wir nicht in der Lage waren herauszufinden, was ein Freund wirklich ist!"[13]

Es ist offensichtlich, dass Lysis, Menexenos und Sokrates von Beobachtern nicht als Liebhaber beschrieben würden. Das Gefühl zwischen ihnen ist *philia*, nicht *eros*. Die Untersuchung der *philia* in *Lysis* ist weit entfernt von dem Begriff bei der Erörterung der Liebe in Symposion. An einer Stelle in *Lysis* gibt es möglicherweise einen Hinweis auf das, was kommt: wenn Sokrates seine jungen Gesprächspartner zu der Zustimmung bewegt, dass Freundschaft aus Verlangen entsteht, dass es ein Verlangen nach etwas ist, was dem Verlangenden fehlt, und dass das, was fehlt und daher für den Verlangenden wertvoll ist, ihm geistesverwandt ist.[14] Dieses Ergebnis ist eine Deklination dessen, worauf sich die Debatte anfangs hinzubewegen schien: dass die Gefühle, die eine Freundschaft ausmachen, ein Verlangen nach und einen Mangel an körperlicher oder geistiger Begegnung sind mit etwas, das das unmittelbare Objekt dieser Gefühle nur repräsentiert – etwas metaphysisch Höherem. Im *Symposion* ist dieser Gedanke voll entwickelt. Dort erfahren wir, dass die Liebe in ihrer anspruchsvolleren Form des *eros* ein Verlangen nach etwas ist, das jenseits und über allen Verwirklichungen und Umschreibungen des Begehrten liegt, das im sublunaren Verständnis die Schönheit des Geliebten ist: Und dieses viel weiter entfernte Ding ist die schöne Form selbst.

Das *Symposion* ist ein großartiges Kunstwerk und sein ernsthaft metaphysischer Aspekt ist nur Teil eines Werkes, dessen Genialität und positive Stimmung ein Fenster öffnen in jenes Athen, das wir als die Wiege unseres Denkens kennen. Wir sehen Sokrates gemeinsam mit anderen prominenten Gästen, bewirtet vom Dramatiker Agathon, und es endet mit dem Auftritt von Alkibiades, dem berühmten, doch umstrittenen Staatsmann und Soldaten, der Sokrates liebte und behauptete, mehrere erfolglose Angriffe auf seine Keuschheit unternommen zu haben. Am Ende von *Symposion* platzt er in Agathons Gesellschaft und liefert einen lustigen Bericht darüber, wie er in das Bett von Sokrates gekrochen ist, aber abgewiesen wurde.

Die Eröffnungsreden von Phaidros und Agathon sind in ihrer literarischen Qualität bewundernswert, tragen aber zur Frage nach der Natur der Liebe wenig bei. Nach Phaidros' literarischen Anspielungen auf den vornehmen Aspekt des *eros*, der Liebhaber dazu bringt, für den Geliebten ihr Leben zu lassen – er nennt Achilles und Patroklos –, beschreibt Pausanias die zeitgenössische Lage in Athen. Hier wird akzeptiert, dass Männer Knaben lieben, diese jedoch vor der Zuwendung geschützt werden müssen – eine widersprüchliche Norm, die Pausanias mit der Begründung anprangert, so eine Beziehung sollte unterstützt werden, wenn der Mann es ehrlich meint und seinen Geliebten verständig und weise erzieht. Dies ist eine höhere Form der Liebe als die „vulgäre“, die einzig die physische Befriedigung sucht. Implizit wird klar, dass die langjährige Beziehung zweier Anwesender, Eryximachos und Phaedros, auf genau dieser Art begonnen hat.

Auf kontrastierende Weise wiederholen Eryximachos und Aristophanes die bekannte Idee, dass Liebe zwischen Gegensätzen oder unvollständigen Hälften entsteht. Als Antwort auf Agathons poetische Anspielungen auf die Liebe als jugendliche Gottheit verwirft Sokrates die Idee, dass Liebe göttlich sein kann, weil sie mit Verlangen einhergeht, und Verlangen bezieht sich immer auf etwas, das einem fehlt, daher kann jemand, der reich und weise ist, keine Liebe empfinden, sondern nur jemand, der Reichtum und Weisheit anstrebt. Eine Person, die die eigene Unwissenheit kennt, strebt nach Weisheit, anders als ein Gott, der bereits weise ist, oder ein Dummkopf, der sich seiner Unwissenheit nicht bewusst ist.

Anschließend gibt Sokrates vor aufzuzählen, was er von der Priesterin Diotima erfahren habe: dass die Schönheit eines Individuums – zum Beispiel der wunderbare Körper eines Jugendlichen – ein Beispiel ist für das, was sich in der Schönheit von Körpern im Allgemeinen ausdrückt und was sie schön macht. Diese Erkenntnis führt zum Gedanken von geistiger Schönheit, von moralischem Adel und von Wissen, und so allmählich zur Schönheit selbst, der unvergänglichen, perfekten und ewigen Form von Schönheit.

In dieser Betrachtung ist Liebe – *eros* – das Verlangen nach allem Guten, wenn man die größten guten Dinge wie Schönheit, Glück und Wahrheit überhaupt trennen kann. Die vertrauten physischen Leidenschaften des *eros* sind nur die ersten Anzeichen für dieses Verlangen. Dass es angeboren ist und das Potenzial hat, sein Ziel zu höherer und schließlich zur höchsten – der metaphysischen – Form seiner Gegenstände zu erheben, zeigt, dass wir von Natur aus geneigt sind, das Gute zu suchen. Die Kehrseite der Medaille: Ein Verlangen macht auch immer ein Defizit bewusst, etwas, das uns fehlt. Dies ist die Stoßrichtung der Antwort des Sokrates an Agathon. Positiv daran ist, dass die Suche nach dem ultimativen Guten auf Selbsterkenntnis beruht, daher die Erkenntnis von Mängeln einschließt und den Entschluss, diese zu beheben. Diotimas Vortrag an Sokrates läuft darauf hinaus, dass – so wie sexuelles Verlangen auf Fortpflanzung gerichtet ist – das Verlangen nach dem ultimativ Guten auf eine höhere Art der Fortpflanzung gerichtet ist: die Erzeugung, Mehrung und Weitergabe von Weisheit.

Weder in der Würdigung der eher prosaischen Liebe im *Symposion* noch in der metaphysischen Version ihres allerhöchsten Ausdrucks gibt es einen Gedanken an Freundschaft. Aus der Höhe des *eros* als Aufstieg zu höchsten moralischen und intellektuellen Zielen scheint die *philia* gering und prosaisch. Doch auch wenn sie dies nicht wäre, ist sie jedenfalls anders.[15]

Die abschließenden Betrachtungen im *Symposion* zeigen eine Erhabenheit der Gedanken, die sie groß erscheinen lassen – dennoch sind sie unrealistisch. Wir sollen denken, dass uns die Begegnung mit allem Attraktiven und Liebenswerten zu reiner intellektueller Anschauung von Abstraktionen jenseits des Physischen führen wird. „Platonische Liebe" ist ätherische, unphysische, denaturierte Liebe. Das verbreitete und gesunde Verlangen von liebenden Menschen nach Umarmungen, Küssen, Berührungen, wodurch sie die Befriedigung und Vollendung physischer und dadurch auch psychologischer Intimität erlangen, schreckt zurück vor der Idee eines anspruchsvollen, abstrakten Zustands, der sich, weil er ausschließlich intellektuell ist, nicht anders als durch die größten, vornehmsten Worte ausdrücken lässt. Von dort gibt es keine Verbindung mehr zur Realität von Liebe oder Freundschaft, geschweige denn zu den Verbindungen dazwischen. Und zwar deshalb, weil es nicht um Beziehungen zwischen Menschen geht, sondern zwischen Seelen und den abstrakten Ideen, über die sie nachsinnen.

Wenn Menschen an die erste wirklich klassische Stellungnahme zur Freundschaft denken, wenden sie sich daher nicht Platon zu, sondern seinem großartigen Schüler und Nachfolger Aristoteles.

Kapitel 2

Die klassische Darstellung: Aristoteles

Das Wort *philia* muss in Platons *Lysis* für das Gefühl der Freundschaft herhalten, doch bedeutet es viel mehr: Es umfasst familiäre Bindungen und darüber hinaus soziale und politische. Platons Verwendung des Wortes hat es in der philosophischen Debatte für Freundschaft gesichert, denn im achten und neunten Buch der *Nikomachischen Ethik* bezeichnet die *philia* – und mit ihr eine Identifizierung der Qualitäten, die Menschen zu einer Freundschaft miteinander motivieren, „Liebenswertes" oder *phileta* – das Gefühl der Freundschaft. Aristoteles hat den Begriff allerdings nicht nur auf Familienmitglieder und Reisende aus fremden Ländern angewendet, sondern für ihn gibt es so etwas sogar „bei den Vögeln und den meisten sonstigen Tieren".[16] „Eintracht" der Einstellungen und Ziele, die auch Städte zusammenhält, „scheint der Freundschaft ähnlich", sagt er, weshalb Politik danach trachtet, sie zu erreichen.[17]

Die Bemerkung ist nicht zufällig. Aus gutem Grund ist die *Nikomachische Ethik* vor der *Politik* erschienen. „Eine staatliche Gemeinschaft ist auf freundschaftliche Beziehungen gegründet", so Aristoteles dort, „während man mit Feinden nicht einmal eine Strecke Weges zusammen gehen will."[18] Er ist der Ansicht, *philia* sei das Motiv der Gesellschaft und sogar wichtiger als Gerechtigkeit, weil sie die Eintracht fördere.[19]

Aristoteles beschreibt Freundschaft als „Tugend" und als wesentlich, um ein gutes und lohnendes Leben zu leben. Auch jene – vielleicht sogar gerade sie –, die reich und mächtig sind, brauchen Freunde, wie sonst sollten sie Wohltätigkeit zeigen oder ihren Reichtum und ihre Stellung schützen, die umso gefährdeter sind, je größer sie sind. Mehr noch: „In Armut und allen Arten von Unglück denken die Menschen an ihre Freunde als ihre einzige Zuflucht."[20] Freunde helfen einander, sie helfen den Jungen, zu lernen, sie kümmern sich um die Alten und sie ermutigen die im besten Lebensalter, sich edel zu zeigen.

Soweit zeigen diese Bemerkungen, dass Freundschaft nützlich ist, zugleich bekennen sie sich zu einer Reihe von Defiziten, die auszugleichen sind. Obwohl diese Allgemeinplätze wahr sind, treffen sie doch nicht den springenden Punkt. Wie ist Freundschaft beschaffen, die diesen Zwecken dient, und erschöpft sich Freundschaft darin? Und was könnte der höchste, beste oder bestimmende Aspekt von Freundschaft sein? Aristoteles erwähnt die „Debatten", die entstehen, wenn man sich bemüht, diese Fragen zu beantworten. Für die einen ist Freundschaft eine Sache der Anziehung von Gleichen, andere meinen, dass sie aus der Anziehung zwischen Gegensätzen entsteht – beides bekannte und ebenso konventionelle wie konkurrierende Ansichten.

Aristoteles' eigene, knappe Definition lässt es offen: „Man muss also einander wohlgesinnt sein und das Gute wünschen, und so, dass man dies voneinander weiß."[21] Um die Dinge zu klären, sollten wir nach Aristoteles stattdessen fragen: „Was ist es, das geliebt wird?" Was sind die *phileta*, was ist das Liebenswerte? Für ihn gibt es drei *phileta*: Was ist nützlich? Was ist angenehm? Was ist tugendhaft? Sie korrelieren mit drei Arten von Freunden: jenen, die miteinander befreundet sind, weil sie davon Vorteile haben, jenen, die Freunde sind, weil es Vergnügen macht, und jenen, die sich in ihrer Tugend ähneln und einander aufgrund dessen lieben, was der andere *ist.*[22] Letztere, sagt Aristoteles, ist die wahrhafteste und höchste Art der Freundschaft.

Nützliche und angenehme Freundschaften sind beiläufige Geschichten, die rasch enden, wenn sich Nutzen oder Vergnügen in Luft auflösen, wozu sie ihrer Natur nach nur allzu leicht tendieren. Das zeigt sich deutlich in der auf Spaß basierenden Freundschaft der Jungen, die nach Gefühl leben und umgehende Befriedigung für etwas suchen, was leicht zu haben ist. Außerdem sind sie erotisch interessiert, sagt Aristoteles, was die Neigung zu schnellen Anfängen und Beendigungen bei jugendlichen Freundschaften noch steigert.[23]

Freundschaft zwischen tugendhaften Menschen – Menschen, die ohne Einschränkung gut sind, in sich selbst gut – ist dauerhaft und vollkommen. Nützlichkeit und Vergnügen sind darin eingeschlossen, jedoch nicht konstitutiv. Die konstitutiven Aspekte liegen darin, dass die Freundschaft zwischen Menschen besteht, die sich in ihrer Tugend ähneln und einander Gutes wünschen, weil diese Dinge in sich selbst gut sind und jeder vom anderen als gut in sich selbst anerkannt wird. Die Freundschaft zwischen ihnen „dauert, solange sie tugendhaft sind. Die Tugend ist aber beständig".[24] Sich gegenseitig Gutes wünschen ist *eunoia*, „Wohlgesinntheit".

Ein implizites Problem in der Natur dieser Art von Freundschaft ist aus Aristoteles' eigener Sicht, dass sie nicht von vielen erreicht werden kann, weil es zu wenige Menschen mit ausreichend Tugendhaftigkeit und *eunoia* gibt, um sie weiter zu verbreiten. An einem bestimmten Punkt scheint Aristoteles sogar zu glauben, dass seine Darstellung ein derart idealisiertes und forderndes Porträt von Freundschaft bietet, dass sie in der Praxis nie zustande kommen könnte: „O Freunde, es gibt keinen Freund!", soll er verzweifelnd gesagt haben. Wenn man glaubte, Wohlgesinntheit allein reiche für Freundschaft aus, sei nicht bloß notwendig, wäre das Problem gelöst. Doch Wohlgesinntheit ist noch keine Freundschaft, Wohlgesinntheit können die Menschen auch gegenüber jenen empfinden, die keine Freunde sind. Sie steht eher am Anfang einer Freundschaft und geht wie die Ähnlichkeit mit ihr einher.[25]

Bei Aristoteles folgt der berühmte Ausspruch: Eine Person ist für seinen Freund, was er für sich selbst ist, „denn der Freund ist ein anderer er selbst".[26] Wir können daher die Eigenschaften einer Freundschaft an der Beziehung ablesen, die ein Individuum zu sich selbst hat. Eine Person, die sich selbst respektiert,

> *„wünscht sich selbst das Gute, und was als solches erscheint, und tut es (denn es ist Sache des Guten, das Gute durchzuführen) und um seiner selbst willen; und zwar um des denkenden Teiles willen, der am meisten er selbst zu sein*

scheint. Und er wünscht selbst zu leben und bewahrt zu bleiben, und vor allem für den Teil von sich, mit dem er denkt. Denn für den Tugendhaften ist das Sein etwas Gutes. Jeder wünscht aber sich selbst das Gute".[27]

Die typischen Eigenschaften der Freundschaft lassen sich also ableiten von den Beziehungen der Menschen zu sich selbst und sind, meint er, die folgenden: Wir wünschen uns Gutes, sicher zu sein, Zeit mit uns zu verbringen, angenehme Erinnerungen zu pflegen, Positives für die Zukunft zu erhoffen, Themen zum Nachdenken, und teilen auch „am meisten Schmerz und Lust" mit uns selbst. Denn ein Freund ist ein anderes Selbst, dem wir all diese Dinge ebenfalls wünschen.

In späteren Abhandlungen über Freundschaft wird diese These vom „anderen Selbst" stark betont. Die meisten Erörterungen bis hin zu Montaigne scheinen sich auf diese Bemerkung zu konzentrieren, vor allem anderen, was Aristoteles in einer langen, komplexen Abhandlung über die Arten der Freundschaft sagt und warum die Freundschaft von tugendhaften Gleichen die beste sei. Doch diese Bemerkung ist fast beiläufig, und der Kontext der Erörterung hat ebenso viel mit der Angemessenheit echter Selbstliebe zu tun wie mit der Definition des Wortes „Freund". Meiner Ansicht nach ist die Überbetonung des Aristoteles-Wortes vom „anderen Selbst" in der späteren Geschichte der Erörterung von Freundschaft der am meisten entstellte Aspekt in unserem Verständnis von ihr – aus dem sehr guten Grund, dass es zu den freiwilligen Verpflichtungen eines guten Freundes gehört, Unterschiede zwischen sich und dem Freund zu akzeptieren und ihm Raum zu geben für Interessen und Vorlieben, die sich von den eigenen unterscheiden, und über manches einig, über anderes uneins zu sein.

Der Punkt über Selbstliebe ist wichtig, denn eines liegt auf der Hand: Wenn die höchste Form der Freundschaft auf Gegenseitigkeit zwischen Menschen von hervorragendem Charakter beruht, dann erfordern Kultivierung und Selbstbeherrschung eines hervorragenden Charakters Selbstrespekt und führen auch dazu. Wenn beide Seiten einer Freundschaft eine solche Einstellung zu sich selbst haben und dem anderen das Recht zugestehen, sich ebenso zu betrachten, dann ist die Beziehung so vollkommen, wie sie sein sollte.

Es ist ein anderer Ausdruck für denselben Aspekt, wenn man sagt: Eine wirkliche Freundin ist eine, die das, was sie für ihre Freundin tut, um derer selbst willen tut. Sie mag oder liebt sie nicht für das, was sie von der Beziehung hat oder weil diese gerade angenehm ist – das sind unvollkommene oder mangelhafte Freundschaften, die nicht andauern. Gegenseitigkeit ist eine andere Eigenschaft der Freundschaft: Wahre Freunde denken und fühlen zueinander gleich, was möglich ist, weil ihre Beziehung auf Tugend basiert – jede von beiden ist eine rechtschaffene Person, und jede erkennt und liebt diese Tatsache an der anderen. Die beste Art der Freundschaft beruht auf Charakter, der besten Art von Charakter, und das ist – nach Ansicht von Aristoteles – der Grund dafür, dass sie relativ selten vorkommt.

Aristoteles beschränkt den Gebrauch von „Freundschaft" nicht allein auf Beziehungen, die auf gegenseitigem Wohlwollen um des anderen selbst willen beruhen, er ist praktisch genug, um zu erkennen, dass auch Beziehungen, die auf Nutzen oder Vergnügen beruhen, Freundschaften sind, ebenso wie verwandtschaftliche Beziehungen oder freundschaftlicher Austausch mit Fremden. Allerdings sind sie nicht „vollkommen" – und deshalb viel weniger haltbar und von geringerem Wert.

Wir erinnern uns, dass Aristoteles die Freundschaft für einen Bestandteil eines guten Lebens und des Glücks hält, das ein solches Leben charakterisiert – *eudaimonia*. Es erhebt sich die Frage, ob nur die höchste Art von Freundschaft ein solcher Bestandteil ist oder auch unvollkommene Freundschaften hier nützlich sein können. Aus den einleitenden Erörterungen von Aristoteles geht klar hervor, dass wir Freundschaft brauchen, um Gutes zu tun und bei Bedarf Hilfe zu erhalten, dass also Freundschaft als solche wünschenswert ist, nicht nur in ihrer höchsten Form.

Hier kommt ein für Aristoteles charakteristischer Pragmatismus zum Vorschein. An früherer Stelle in der *Nikomachischen Ethik* bemerkt er, dass es ebenso wichtig ist, einen Beitrag zur Gesellschaft zu leisten, um tugendhaft zu sein, wie alles andere, das wir im privaten Bereich tun oder erreichen. An einer Stelle sagt er, es sei besser, wenn der gesamte Staat von einer Handlung profitiert, als wenn nur ein Einzelner glücklich wird.[28] Dieser Gedanke widerspricht nicht der Idee, dass Freundschaft notwendig ist für das Leben, und zwar aus den zu Beginn seiner Erörterung angegebenen Gründen, aber er liegt quer dazu. Doch weil das Streben nach dem Guten über allem steht, ist letztlich alles, was zur *eudaimonia* führt, gleichwertig. Der übergreifende Anspruch am Beginn von Aristoteles' Schrift über die Ethik ist, dass alles nach dem Guten strebt, weil es aus sich selbst heraus erstrebenswert ist und alle anderen positiven Dinge darauf abzielen. Wenn Freundschaft zu einem guten Leben gehört und das Gute das höchste Ziel ist, dann hat Freundschaft – eine individuelle und private Sache – zumindest große Bedeutung als Beitrag zum Gemeinwesen. Insofern widersteht sie dem Anspruch, dass es „schöner und göttlicher" sei, den Interessen von Völkern und Staaten zu dienen, als eine andere Person zu beglücken.

Man kann es auch anderes formulieren. Unter *eudaimonia* versteht Aristoteles eine Tätigkeit, nicht einen Zustand oder eine Qualität. Im ersten Buch der *Nikomachischen Ethik* definiert er sie als „Tätigkeit der Seele aufgrund ihrer besonderen Befähigung, und wenn es mehrere solche Befähigungen gibt, nach der besten und vollkommensten".[29] Diese Tätigkeit drückt die höchste und herausragendste Eigenschaft der Menschen aus – ihre Fähigkeit, rational zu sein. Durch Rationalität können sie herausfinden, was unter gegebenen Umständen mutig, maßvoll, großzügig, bescheiden oder ganz allgemein das Richtige ist, indem sie einen Mittelweg finden zwischen den Extremen, den Lastern im Gegensatz zu den Tugenden: zum Beispiel Leichtsinn oder Feigheit auf den beiden Seiten von Mut, Geiz oder Verschwendung auf den beiden Seiten der Großzügigkeit. Entwicklung und Anwendung von praktischer Weisheit – *phronesis* – befähigen uns, einen Mittelweg zu gehen und so tugendhaft ein Leben der *eudaimonia* zu leben.

Bei allem Pragmatismus und Menschenverstand von Aristoteles ist dies noch nicht das Ende seiner Überlegungen. Auf den ersten Seiten der *Nikomachischen Ethik* unterscheidet er drei Arten zu leben: ein Leben der Lust, ein Leben der Tugend im Einsatz für die eigene Gemeinschaft (das politische Leben) und das kontemplative, philosophische Leben, bei dem es darum geht, die Natur der Dinge zu begreifen. Aus dem, was er über die höchste und herausragendste Eigenschaft der Menschen gesagt hat, nämlich ihre Rationalität, kann man leicht erraten, welche Art zu leben aus seiner Sicht die beste ist – und daher die vollkommenste Eudaimonie. Auch wenn ein solches Leben durch Freunde aufgewertet wird, mit denen man Ideen über höchste und letzte Fragen austauschen kann, läuft es doch darauf hinaus, dass philosophische Betrachtung eine einsame, weltabgewandte Tätigkeit ist.

Die Beobachtung, dass das Beste der Feind des Guten ist, trifft voll auf die Darstellung des Aristoteles zu. Er hat vollkommen recht, wenn er sagt, dass ein Leben ohne Freunde ein zumindest ärmliches Leben sei, und zwar aus folgenden Gründen: Ohne Freunde haben wir keine Möglichkeit, wohltätig zu sein, und auch niemanden, der uns hilft und unterstützt, wenn wir dies brauchen. Es gibt kein Band, das Gemeinschaften zusammenhält, niemanden, der die Jungen unterrichtet und die Alten betreut, und niemanden, der jene in ihrer Tugend unterstützt, die in der Blüte ihres Lebens stehen. Doch es gehört noch mehr dazu: Wenn man auch gegenüber Fremden freundliche Gefühle haben kann, wenn auch Tiere Freunde sein können, dann hat die Freundschaft Anspruch darauf, als etwas Wesentliches aus sich selbst heraus zu gelten und nicht bloß als wesentlich „für" etwas anderes – als Wert in sich selbst, nicht als Mittel zum Zweck. Dies ist für Aristoteles ausdrücklich die beste Art der Freundschaft.

Auch wenn diese Sichtweise mit der Idee vereinbar ist, dass es „geringere" Formen der Freundschaft gibt, die auf Vergnügen oder Nutzen basieren, stellt sich die Frage, ob sich die Tatsache, dass ein Freund für den anderen etwas in sich Gutes ist (beruhend auf Gegenseitigkeit), damit verträgt, dass es für einen selbst gut ist, diesen Freund zu lieben. Denn in diesem Sinn ist Freundschaft Mittel zum Zweck, und das verträgt sich nicht mit der strengen Vorstellung, den anderen als in sich gut zu behandeln, ohne Nutzen für sich selbst. Ist das ein Problem? Es wäre extrem puristisch, zu argumentieren, dass die beste Art der Freundschaft so sein *muss*, dass ihre bestimmenden Eigenschaften irrelevant sind für das Wohlergehen der Beteiligten, nicht zuletzt deshalb, weil wir Freundschaft dann als unabhängige Abstraktion ansehen müssten. Als wichtiger Teil eines guten Lebens ist es offensichtlich gut für einen Freund, Freund zu sein, nicht nur als Objekt uneigennütziger Liebe, sondern auch, weil er selbst den Freund ebenso uneigennützig liebt. Wenn die Beziehung auf Gegenseitigkeit beruht, ist jede Seite sowohl aktiv als auch passiv beteiligt, daher kann es auch nicht unvereinbar sein, den anderen als in sich selbst gut zu behandeln und ihn zu lieben als ein Gutes für einen selbst wie auch für ihn.

In Aristoteles' Konzeption der *eudaimonia* führt die Tätigkeit, ein Freund zu sein, nicht nur zum höchsten Gut, sondern ist selbst ein wesentlicher Bestandteil davon. Es gehört zweifellos dazu, „wesentlich" zu sein. Es gibt allerdings einen anderen Widerspruch in seiner Auffassung, der dazu beitragen kann, die Idee abzulehnen, Kontemplation stelle allein das höchste Gut dar. Wenn *eudaimonia* eine Tätigkeit ist und ihre höchste Qualität in der einsamen Kontemplation der letzten Dinge besteht, wäre Freundschaft kein wesentlicher Bestandteil davon. Doch Freundschaft ist ein wesentlicher Bestandteil eines guten Lebens. Aristoteles kann nicht beides haben. Die einsame Kontemplation des höchsten Guten erinnert an die praxisferne Idealität bei Platon, mit der das viel pragmatischere Temperament des Aristoteles so oft in Konflikt gerät. Hier erkennen wir einen Rest von Platons Einfluss auf seinen früheren Schüler, der zu einer Ungereimtheit führt.

Der aktive Sinn einer Freundschaft als wesentlicher Teil der *eudaimonia* scheint mir den zusätzlichen Aspekt bei Aristoteles auszustechen, das höchste Gut sei einsame Kontemplation von Abstraktionen. Mehr noch, wenn wir seiner Ansicht folgen, dass eine Förderung der Eintracht im Staat „schöner und göttlicher" ist als persönliche Freundschaft, und unter dem Aspekt, dass diese noch praktischere und sozialere Tätigkeit noch weiter entfernt ist von der einsiedlerischen Distanz der Kontemplation, erkennen wir, dass der Widerspruch zwischen diesen Aspekten seiner Darstellung nicht aufrechtzuerhalten ist.

Es überrascht nicht, dass Aristoteles' unmittelbare Nachfolger in dieser Debatte sich mehr mit der Bedeutung der persönlichen Bindungen beschäftigen und weniger mit deren Unterordnung unter ein vermeintlich höheres ätherisches Ziel. Denn all die Realitäten und praktischen Dinge des Lebens machen Freundschaft zu einem sehr bodenständigen Geschäft: mit Lachen, mit Essen und Trinken, mit Tätigkeiten wie Hilfe bei einem Umzug als ganz gewöhnlichen Begleiterscheinungen. Erst die christlichen Denker kehrten zu einer mehr ätherischen Betrachtungsweise zurück, weil sie wie Aristoteles in seiner metaphysischen Stimmung transzendente Brötchen backen wollten.

Indem sie sich an Aristoteles' Bemerkung vom „anderen Selbst" als bestimmenden Aspekt einer Freundschaft orientieren, sind alle späteren Autoren weitgehend einig über ihre Natur – ich halte das für einen Fehler. Aristoteles selbst war nicht so verheiratet mit der Vorstellung vom „anderen Selbst", wie es seine Nachfolger scheinen lassen. Die Idee, Freundschaft als Beziehung zu sehen, die sich zu einem großen Teil darauf gründet, für den eigenen Freund Gutes zu wollen und zu fördern und daraus auch Gutes für das eigene Leben zu gewinnen, ist zweifellos Teil dessen, was wir unter Freundschaft verstehen müssen. Dies scheint offensichtlich genug, aber es ist zu wichtig, als dass man es stillschweigend voraussetzen dürfte.

Kapitel 3

Cicero *De amicitia*

Es gibt gute Gründe, warum Erasmus von Rotterdam (1466–1536) und David Hume (1711–1776) wie viele andere Cicero schätzten – und mehr Gründe als nur die berühmte Schönheit seiner Prosa. Manche seiner Abhandlungen sind ebenso wertvoll durch ihren Inhalt wie aufgrund ihres Stils. Viele seiner philosophischen Schriften sind, wie Kritiker sagen, zweitrangig und oberflächlich. Doch die Essays „Über das Alter" *(Cato Maior De senectute)* und „Laelius: Über Freundschaft" *(Laelius: De amicitia),* insbesondere der Letztere, gehören zu den besten Beiträgen über ihr Thema überhaupt.

Die Kapitel über Freundschaft in Aristoteles' *Nikomachischer Ethik* sind sorgfältige Untersuchungen von der Sorte, die heute besonders von Philosophen der antiken Tradition geschätzt werden, für die das mühsame Geschäft konzeptueller Klärung und feiner Unterscheidungen das Wesen ihres Handwerks ausmacht. Obwohl die meisten seiner Kritiken sich an Stoiker, Epikureer und andere wenden, mit denen er nicht übereinstimmte, könnte Cicero Aristoteles im Sinn gehabt haben, als er seinen eigenen Ansatz verfasste: Er würde an das Thema Freundschaft nicht so herangehen wie jene, die „solche Fragen recht scharfsinnig erörtern, vielleicht ganz richtig, aber doch zu wenig auf den allgemeinen Nutzen bezogen".[30] Der „allgemeine Nutzen" – die Aktualität, Realität und Pragmatik von Freundschaft – interessierte ihn, und das macht seine Darstellung in *De amicitia* äußerst menschlich. Auch wenn er Aristoteles und andere Quellen heranzieht, ist sie in der Breite der Perspektive wohl die beste existierende klassische Erörterung. Sie hat das Gewicht von Ciceros Erfahrung als öffentliche Persönlichkeit und die Plausibilität der realen historischen Beispiele, die zeitgenössische Leser kannten und beurteilen konnten.

In den Bürgerkriegen am Ende der römischen Republik verbündete sich Cicero mit Pompeius gegen Caesar. Nach der Niederlage von Pompeius und nachdem ihn Caesar aufgrund seiner früheren großen Leistungen für Rom begnadigt hatte, zog sich Cicero vom öffentlichen Leben zurück. In der Abgeschiedenheit seines Landsitzes widmete er sich dem Schreiben, und in weniger als drei Jahren (46 bis 44 v. Chr.) entstand eine außerordentliche Reihe von Arbeiten, darunter seine besten. Er suchte Trost darin, nicht nur wegen der Krise der römischen Republik, sondern auch wegen der tiefen Trauer nach dem Tod seiner einzigen Tochter, die er sehr geliebt hatte.

In den drei Jahrzehnten seines öffentlichen Lebens hatte Cicero kurze Pausen genützt, um das eifrige Studium der Philosophie seiner Jugend fortzusetzen – die Früchte kommen in diesen Arbeiten zum Vorschein. Er war zwar kein origineller Denker, aber ein begabter Arrangeur von Ideen, die er mit wunderbarer Klarheit und Eleganz zum Ausdruck brachte. Die Bemerkung „kein origineller Denker" ist nicht abwertend zu verstehen, denn nur wenige Menschen verdienen die Bezeichnung. Im Urteil der jüngeren intellektuellen Geschichte kommt kaum jemand seiner Art näher an Platon und Aristoteles heran. Es gehört große Kraft dazu, das zu tun, was Cicero getan hat, nämlich wichtige Ideen zu verstehen, anzuordnen und gut auszudrücken. Bedenkt man, dass seine Schriften zweitausend Jahre nach ihrer Entstehung noch immer gedruckt werden und hervorragende Kritiker ihn für seine besten Arbeiten immer bewundert haben, wäre es falsch, seine Leistungen wegen eines solchen Vergleichs abzuwerten; es wäre nur ein weiterer Fall von Schaden, den das Beste dem Guten antut.

Obwohl der Einfluss von Aristoteles in *De amicitia* offensichtlich ist, ist er nicht die einzige und vielleicht auch nicht die wichtigste Quelle der Ideen. Cicero benützt auch Material aus Xenophons *Memorabilia*. Worte, die dort Sokrates zugeschrieben werden, werden hier Scipio zugewiesen. Sowohl Diogenes Laertius als auch Aulus Gellius geben an, dass Ciceros Hauptquelle ein heute verlorenes dreibändiges Werk über Freundschaft von Theophrastus war. Kenner von Ciceros Arbeiten sind der Ansicht, dass Anordnung, Aufbau, Stil und Erläuterungen von ihm stammen, auch wenn Einflüsse erkennbar sind und Cicero sie gelegentlich auch nennt. Kein anderer Autor der Antike oder Moderne hat das Thema Freundschaft so umfassend und reizvoll erörtert wie er.

Cicero hat als junger Mann bei dem Auguren Quintus Mucius Scaevola Recht studiert, einem Gelehrten und Schwiegersohn jenes Gaius Laelius, der in *De amicitia* hauptsächlich zu Wort kommt. Aufgrund seiner lebenslangen Bindung zu Scipio Amaelianus wird Laelius von Scaevola und einem anderen Schwiegersohn, Gaius Fannius, über Freundschaft befragt. Cicero siedelt den Dialog kurz nach Scipios Tod im Jahre 129 v. Chr. an, als Laelius um seinen verlorenen Freund trauerte. Es wird vermutet, dass Cicero selbst über Scaevola von Laelius' Bericht gehört hatte, als er 90 v. Chr. bei ihm zu studieren begann. Fast achtzig Jahre trennen die Entstehung des Textes von dem dramatischen Ereignis, und beinahe fünfzig Jahre sind vergangen, seitdem Cicero zuerst von Scaevola gehört hat, was Laelius über seine Freundschaft mit Scipio zu sagen hatte. Es ist klar, dass Cicero das ihm von Scaevola Überbrachte nur zum Anlass nimmt, doch die Perspektive und einige Details gehen zweifellos auf jene beinahe legendäre Freundschaft zurück.

Laelius und Scipio kämpften gemeinsam 210 bis 206 v. Chr. in Spanien im Rahmen des Zweiten Punischen Krieges gegen Karthago, wo Laelius durch seine Siege wesentlich zum Gesamtsieg Scipios beitragen konnte. Nach dem Historiker Polybios, dem Laelius als alter Mann viel über Scipio und seine Feldzüge erzählt hat, waren die beiden Männer Freunde von Kindertagen an, obwohl Laelius aus einer weniger reichen Familie von geringerem sozialem Status kam. Nach ihren militärischen Abenteuern amtierten sie in Rom gemeinsam und halfen einander auf verschiedene Weise, wobei Laelius immer der Juniorpartner war, was die Freundschaft jedoch nicht beeinträchtigte.

Wie eng und fest die Freundschaft war, geht aus Laelius' Bemerkungen über seine Trauer über den Verlust von Scipio hervor:

„Fehlen Liebe und Zuneigung, fehlt nämlich alles Erfreuliche im Leben. Für mich lebt Scipio noch, obwohl er so plötzlich dahingerafft wurde. … Ein Haus hatten wir, die gleiche gemeinsame Lebensweise; nicht nur während des Kriegsdienstes, auch auf unseren Reisen und bei unseren Landaufenthalten waren wir beisammen. Und was soll ich noch sagen von unserem gemeinsamen Bestreben, stets etwas Neues zu erfahren und zu lernen, womit wir, den Augen der Menge entzogen, unsere ganze freie Zeit verbrachten?"[31]

Laelius' Erörterung der Freundschaft wird als praktische Reflexion eines reifen und erfahrenen Geistes dargeboten, nicht als die eines wirren Philosophen. Er beginnt damit, dass es nichts Größeres auf der Welt gibt als Freundschaft, denn sie gehört zur menschlichen Natur und ist genau das, was Menschen in allen Lebenslagen wünschen und brauchen. Doch macht er eine sehr konventionelle Bestimmung: „Dies ist aber meine erste Einsicht, dass Freundschaft nur zwischen Gutgesinnten bestehen kann."[32] Mit „Gutgesinnten" sind jene gemeint, die wir als solche mehr mit unserem gesunden Menschenverstand erkennen als durch pedantische Genauigkeit. Im praktischen Verständnis ist eine gute Person jemand, der ehrenhaft ist, gerecht, großzügig, mutig und loyal sowie frei von Gier, Zügellosigkeit und Gewalttätigkeit.[33]

Und Laelius fährt fort wie folgt: Es gibt einen natürlichen Hang, dass Mitbürger mehr gelten als Auswärtige, Verwandte mehr als Fremde – das ist eine einfache Tatsache. Und es ist offensichtlich, dass der Unterschied zwischen Freundschaft und Bekanntschaft im Wohlwollen besteht (*benevolentia*, vielleicht besser zu übersetzen mit „Zuneigung"), das Erstere kennzeichnet. Eine Verwandtschaft bleibt eine Verwandtschaft auch ohne Zuneigung, eine Freundschaft hört ohne Zuneigung zu existieren auf. Sie ist der Schlüssel zu einer Verbindung, die man im besten Fall mit nur sehr wenigen anderen teilt.

„Es ist nämlich Freundschaft nichts anderes als Übereinstimmung in allen göttlichen und menschlichen Dingen, verbunden mit Sympathie und Liebe. Im Vergleich zu ihr ist den Menschen wohl – die Weisheit einmal ausgenommen – nichts Besseres von den unsterblichen Göttern geschenkt worden.“[34] Manche Menschen würden Reichtum bevorzugen, manche Gesundheit, die einen Macht, wieder andere Ehre oder sinnliches Vergnügen – Letzteres begehren die Tiere am meisten. Und es gibt Menschen, die der Tugend den höchsten Wert zuschreiben – ein edler Standpunkt. Die Beispiele etwa der Stoiker für ideale, perfekte Individuen sind unrealistische Modelle, die das „gewöhnliche Leben“ übersteigen.[35] Doch kein Leben kann lebenswert sein ohne gegenseitige Zuneigung mit einem Freund. Es gibt „nichts Angenehmeres“, als jemanden zu haben, mit dem man so frei und offen sprechen kann wie mit sich selbst. Der Wert, jemanden zu haben, mit dem man sowohl Glück wie Unglück teilen kann und so Freude verstärkt und Last erleichtert, beweist allein schon die Bedeutung von Freundschaft. Ungeteiltes Glück ist halbes Glück, Probleme sind doppelt so groß ohne jemanden, der einen tröstet. Alle anderen Desiderata – Reichtum, Gesundheit, Prestige, Vergnügen – sind einzelne Güter, doch Freundschaft umspannt alles: „Die Freundschaft aber umfasst die meisten Lebensbereiche: Wohin du dich auch wendest, da ist sie, von keinem Ort ist sie ausgeschlossen, niemals kommt sie ungelegen, nie ist sie beschwerlich.“[36]

Der unübertreffliche Segen der Freundschaft besteht darin, dass sie die Zuversicht stärkt und Freunde auch in schwachen Momenten der Verzweiflung unterstützt:

> *„Wer nämlich auf einen wahren Freund blickt, der sieht sozusagen ein Abbild seiner selbst. Daher sind Abwesende zugegen, Bedürftige überreich, Schwache stark und – was sich mit Worten noch schwerer ausdrücken lässt – Tote lebendig. … Nimmt man jedoch die Bande der Zuneigung aus der Welt, dann kann keine Hausgemeinschaft, keine Stadtgemeinde mehr bestehen, nicht einmal die Feldbestellung kann weitergehen.“*[37]

Der Wert von Freundschaft zeigt sich gut, wenn man im Gegensatz dazu Familien oder Staaten betrachtet, die von Feindseligkeiten heimgesucht werden oder durch Uneinigkeit zerrissen sind. Sie können ihrem Untergang nicht entgehen. Beispiele von Loyalität vor der Gefahr werden hingegen hoch gelobt. Man denke nur daran, wie das Publikum im Theater der Darstellung einer echten Freundschaft applaudiert. Es ist leicht zu erkennen, was für ein natürliches Gefühl die Freundschaft ist, wenn man sieht, wie sie überall, wo sie sich zeigt, gutgeheißen wird.

Nachdem Laelius die Freundschaft seziert und auf ihre natürlichen und tiefen Wurzeln verwiesen hat, wendet er sich den Fragen zu, die sich aufdrängen. Ist der Wunsch nach Freundschaft eine Schwäche oder das Streben nach mehr Macht? Ist er vor allem bestimmt durch den Wunsch, im Notfall Hilfe zu erhalten? Selbst wenn das nicht ganz zutrifft: Ist er nicht trotzdem von Nützlichkeitserwägungen bestimmt nach dem Motto „Wenn du meinen Rücken kratzt, kratze ich deinen"? Oder gibt es ein edleres, übergeordnetes Motiv für Freundschaft, das direkt aus der menschlichen Natur hervorgeht?

An dieser Stelle erinnert Laelius seine Zuhörer daran, dass das Wort für Freundschaft, *amicitia*, denselben Ursprung hat wie das Wort Liebe, *amor:* „Die Liebe nämlich ... ist ja erst der Antrieb, ein Band gegenseitiger Sympathie zu knüpfen."[38] Tatsächlich werden unter vorgetäuschter Freundschaft oft Vorteile gesucht und gefunden, doch bei echter Freundschaft gibt es nichts Falsches oder Vorgetäuschtes. Sie entsteht ehrlich und spontan, nicht aus Berechnung, sondern „aus dem inneren Drang, sich jemandem anzuschließen".[39]

Das heißt nicht, dass Freundschaft nicht durch Vorteile oder den Wunsch zu helfen gestärkt wird, doch wenn diese durch Zuneigung und Wärme ausgelöst werden, ist das etwas anderes als verächtliches Gewinnstreben. Wäre Letzteres wirklich die Quelle der Freundschaft, würden die Menschen eine Freundschaft nach ihren Bedürfnissen und Defiziten bewerten. Doch trifft das Gegenteil zu: „Je mehr Selbstvertrauen jemand hat, je besser er durch innere Stärke und Weisheit so abgesichert ist, dass er keinen anderen braucht und ganz in sich selbst ruhen kann, desto mehr zeichnet gerade er sich dadurch aus, dass er Freundschaften sucht und pflegt."[40]

Vielleicht im Bewusstsein, dass die dem Laelius zugeschriebene Darstellung dem Ideal allzu nahe kommt, wendet sich Cicero einigen Realitäten zu. Nicht alle Freundschaften sind von Dauer: Schicksalsschläge oder Alter können Menschen verändern, ihre Freundschaft könnte aufhören, von gegenseitigem Nutzen zu sein, politische Differenzen könnten auftauchen, Rivalitäten in Bezug auf die Karriere könnten die Freunde gegeneinander aufbringen. Eine Hauptursache für eine Trennung kann sein, dass einer seine Freunde bittet, etwas Falsches zu tun, „dass sie etwa der Sittenlosigkeit Vorschub leisten sollen oder Hilfestellung bei unrechtem Tun". In solchen Fällen kann sich Freundschaft in bittere Feindschaft verwandeln.[41]

Es stellt sich die Frage, wie weit man in der Loyalität zu einem Freund gehen sollte. Cicero lässt Laelius die rhetorische Frage stellen, ob Freunde von Verrätern Roms ihrer Freundschaft hätten treu bleiben sollen oder Rom. Er erwartet dabei eine andere Antwort als jene, von der E. M. Forster gesagt hat, er hoffe, dass er sie geben würde: „Wenn ich wählen muss, ob ich mein Land oder meinen Freund verrate, so hoffe ich, ich werde den Mut haben, mein Land zu verraten." Forster zitiert dazu Dante, der Cassius und Brutus in den tiefsten Kreis des Infernos schickt, weil sie ihren Freund Caesar und nicht Rom verraten haben.[42] Man sollte den heftigen Patriotismus als republikanische Tugend in den Augen der Römer vom Schlage Ciceros jedoch nicht unterschätzen. Er lässt Laelius antworten, dass es für „Vergehen am Staat" immer eine „schwere, doch gerechte Strafe" gebe.[43]

Laelius schließt daher, dass eine Sünde nicht dadurch gerechtfertigt ist, dass sie für einen Freund begangen wird, und dass man für Freundschaften die Regel aufstellen kann, „dass wir etwas Unehrenhaftes weder erbitten noch es auf Bitten hin tun. Schändlich und keineswegs annehmbar ist nämlich die Entschuldigung – schon bei anderen Verfehlungen, besonders aber bei solchen gegen den Staat –, wenn jemand erklärt, er habe um des Freundes willen so gehandelt".[44] Anders und positiv formuliert besagt diese Regel:

> *„Das also soll als oberstes Gesetz der Freundschaft gelten, dass wir von Freunden nur Ehrenhaftes fordern, nur Ehrenhaftes Freunden zuliebe tun, ja dass wir damit gar nicht abwarten, bis wir darum gebeten werden. Wir halten uns stets bereit, da gibt es kein Zögern; auch freimütig unseren Rat zu erteilen, sollen wir uns keineswegs scheuen. Größtes Gewicht soll in einer*

Freundschaft das Ansehen wohlmeinender Freunde haben, dieses Ansehen soll eingesetzt werden, um nicht nur offen, sondern auch, wenn es sein muss, mit Nachdruck zu ermahnen."[45]

Bisher hat Cicero die Ansichten anderer nur angedeutet. Doch weil es dazu eine bestehende Tradition des Denkens gab, die seinen Lesern bekannt war (oder Zuhörern, denn diese Texte wurden oft einem Publikum vorgelesen), geht er nun direkt auf weiter verbreitete Ansichten ein. Eine Sichtweise verurteilt er: Menschen sollten nicht zu freundlich mit irgend jemandem sein und nicht zu viele Freunde haben, „damit sich nicht einer um viele kümmern müsse; jeder habe ja mit seinen eigenen Angelegenheiten mehr als genug zu tun. ... Am bequemsten sei es, die Zügel der Freundschaft möglichst lang zu lassen, damit man sie nach Belieben anziehen oder lockern kann." Dieser Ratschlag wird damit begründet, dass die beste Art zu leben die sorgenfreie sei – und Freundschaft bringe Sorgen mit sich.[46]

Laelius will davon nichts wissen. „Was für eine herrliche Weisheit! Der nimmt doch wohl die Sonne aus der Welt, der die Freundschaft aus dem Leben nimmt", sagt er und verwirft die Idee des „Freiseins von Sorgen", weil sie nicht bedenkt, dass die Flucht vor der Sorge die Flucht vor der Tugend ist. Denn Zuneigung lehnt Groll ab, Tapferkeit verwirft Feigheit, Gerechtigkeit verwirft Ungerechtigkeit und Mäßigkeit Übermaß. Wer sich bemüht, freundlich, tapfer und gerecht zu sein, muss die Sorgen akzeptieren, die damit verbunden sind: Es ist angemessen, sich um etwas Sinnvolles zu sorgen. Wenn wir der Seele die Gefühle der Freundschaft vorenthalten, sind wir nicht anders als ein Felsen.[47]

Cicero lässt Laelius also die Ansichten jener ablehnen, die *ataraxia* – Gemütsruhe und ein unbeschwertes Leben – oder den Besitz von Macht oder Vergnügen über Freundschaft stellen. Im Gegenzug fragt er: Wer hätte gern ungeheuren Reichtum oder unbegrenztes Vergnügen unter der Bedingung, dass er niemals die Liebe einer anderen Person erführe? „So nämlich sieht ja das Leben der Tyrannen aus, in dem es keine Treue, keine Liebe, kein Vertrauen auf eine unerschütterliche Zuneigung geben kann, wo es überall nur Verdacht und argwöhnische Unruhe gibt und keinen Platz für die Freundschaft."[48]

Doch wenn wir annehmen müssen, dass es Grenzen für Freundschaft gibt, Schranken, die wir für einen Freund nicht überschreiten können, welche und wo sind sie? Laelius weist drei Vorschläge zu diesem Punkt zurück: dass unsere Gefühle für unsere Freunde dieselben sein sollten wie für uns selbst, dass unser Wohlwollen ihnen gegenüber ebenso groß sein sollte wie ihr Wohlwollen uns gegenüber, und dass wir unseren Freunden denselben Wert zubilligen sollten wie uns selbst. Er begründet das damit, dass aus der Natur der Freundschaft heraus ein Freund für einen anderen Dinge tun würde, die er nicht für sich selbst tun würde, dass die Lebensumstände für verschiedene Menschen verschieden sind, sodass, was für den einen richtig ist, nicht unbedingt auf den anderen zutrifft, dass der Versuch, eine genaue Balance der Gegenseitigkeit von Freundschaft zu messen, „doch wahrlich die Freundschaft einer gar zu kümmerlichen und kleinlichen Berechnung" unterwerfen würde. „Reicher und großzügiger scheint mir wahre Freundschaft zu sein, nicht engherzig darauf bedacht, nicht mehr auszugeben als einzunehmen."[49]

Der letzte Punkt ist Laelius besonders wichtig: Er betont, dass ein Freund sich selbst und andere nicht gleich bewerten darf, wie der Fall zeigt, wo ein Freund niedergeschlagen oder verzweifelt ist: Soll man sich selbst genauso sehen, oder sollte man nicht vielmehr „nach Kräften dahin wirken, den Freund in seiner Niedergeschlagenheit aufzurichten und ihm zu einer hoffnungsvolleren Stimmung und einer besseren Meinung von sich selbst zu verhelfen"?[50]

Wo also ist die Grenze? Auch wenn Laelius früher gemeint hat, es sei unannehmbar, einen Freund zum Verrat anzustiften oder zu etwas Unehrenhaftem, meint er an dieser Stelle, die Loyalität erfordere, dass wir einem Freund selbst dann helfen sollten, wenn das bedeutet, dass „wir auch einmal vom rechten Weg abweichen", solange sich daraus nicht „höchst ehrenrührige Folgen ergeben", und wenn es um eine Sache geht, die das Leben oder den guten Ruf des Freundes betrifft. Man beachte, dass er sagt, wir „sollten" vom rechten Weg abweichen. Doch die Gefahr, sich einen schlechten Ruf einzuhandeln, bildet eine äußere Grenze, bis zu der es vertretbar ist, „der Freundschaft Konditionen zu machen". Diese eine Sache würden Laelius oder Cicero nicht einmal für einen Freund in Erwägung ziehen. Tod, ja – Schande, nein.[51]

Dieser Punkt bereitet Cicero offensichtlich Schwierigkeiten. Einige Seiten weiter spricht er von „Treue“, von „Beständigkeit und Festigkeit“ einer Freundschaft,[52] was sich weder mit den strengeren noch mit den weicheren Umschreibungen von Freundschaft verträgt, die er bisher angeführt hat. Daher stellt er seiner Besprechung der Loyalität einen Exkurs über die Notwendigkeit voran, seine Freunde sorgfältig auszuwählen und sie zunächst zu testen: „Es ist also klug, den Drang freundschaftlicher Zuneigung erst einmal zurückzuhalten, wie man die Pferde vor einem Wagen zurückhält, um von der Freundschaft wie von einem Gespann erst nach vorheriger Erprobung Gebrauch zu machen, nämlich wenn wir den Charakter der Freunde einigermaßen auf die Probe gestellt haben.“[53] Ein solcher Test soll feststellen, wie eine Person mit finanziellen Transaktionen oder beruflichem Ehrgeiz umgeht. „Denn wo findet sich wohl der Mann, der unter diesen Umständen dem Freund das Ehrenamt eher gönnt als sich selbst?“[54]

Dies führt zu der Frage, welche Qualitäten ein möglicher Freund haben sollte, für den man sich zu „Beständigkeit“ und „Loyalität“ verpflichtet. Die Antwort nennt Offenheit, Liebenswürdigkeit und Sympathie in dem Sinn, dass dieser wahrscheinlich auf dieselben Interessen und Anliegen anspricht wie man selbst. Laelius legt nun die beiden „Grundsätze in der Freundschaft“ dar, die davon abgeleitet werden können. Erstens darf es „keine Verstellung und Heuchelei“ geben, und zweitens sollte man sicher sein, dass der Kandidat für eine Freundschaft fest bleibt und kaum etwas glaubt, was andere gegen einen vorbringen.[55] Ein dritter Grundsatz ist: Alte und neue Freundschaften sind gleichwertig – ein neuer Freund muss genauso behandelt werden wie ein alter – und auch Freunde unterschiedlichen Ranges müssen einander gleich behandeln, ob im Beruf oder in der sozialen Hierarchie.

Um sich gegen Missgeschick zu wappnen, das mit Freundschaft verbunden sein kann – etwa wegen etwas Unehrenhaftem in Verlegenheit zu geraten oder wenn die Freundschaft wegen politischer oder anderer Differenzen endet –, ist es am besten, wiederholt Laelius, eine Freundschaft sorgfältig einzugehen: Erst wenn man selbst einen gewissen Grad von Reife erreicht hat, sollte man eine Freundschaft schließen, die dauerhaft und fest sein soll. Die Erfahrung, die mit der Reife einhergeht, macht es möglich, die Qualitäten möglicher Freunde genau zu überdenken. Das Ziel muss sein, sie ebenso zu respektieren und zu verehren, wie man sie liebt, dessen müssen sie sich würdig erweisen.[56]

Sehr spät im Dialog wendet sich Laelius scheinbar Aristoteles zu, wenn er sagt: „Jeder liebt ja sich selbst, nicht etwa, um von sich irgendeinen Lohn für seine Liebe einzufordern, sondern weil eben ein jeder sich selbst von Natur aus teuer ist. Wenn man das gleiche nicht auf die Freundschaft überträgt, wird man niemals einen wahren Freund finden, denn dieser ist gleichsam unser zweites Ich."[57] Man könnte meinen, dieser Punkt sei verwandt dem christlichen „Liebe deinen Nächsten wie dich selbst!", in der Weise verstanden, dass man sich selbst lieben muss, um seinen Nächsten wirklich zu lieben. Tatsächlich enthält der Gedanke etwas Wichtiges. Der Formulierung nach bedeutet die Aussage nicht zwangsläufig, dass ein Freund im wörtlichen Sinn ein anderes Selbst ist, in dem Verständnis, dass er genauso ist wie man selbst, sondern eher (und viel einleuchtender), dass ein Freund mit derselben Sorge und Zuwendung behandelt werden muss, wie man sich selbst behandelt. Die Erinnerung an die „anderes Selbst"-Formel kommt hier reflexhaft ins Spiel, doch der Tenor von Ciceros Darstellung setzt zweifellos eine angemessene Anerkennung der Unterschiedlichkeit und des Andersseins eines Freundes voraus, den man dennoch schätzt, respektiert, ja sogar braucht – aus jener Mischung von Gründen, die Cicero scharfsinnig zusammengestellt hat: aus dem natürlichen Impuls, der uns zu einer Freundschaft hinzieht, die auf gemeinsamen Interessen und Geistesverwandtschaft basiert, sowie aus der Tatsache, dass Freunde nicht immer dieselben Gefühle oder dieselbe Zuneigung füreinander hegen oder sich nicht immer gegenseitig genau denselben Wert zuschreiben. Dies waren Forderungen, die – wie oben dargestellt – anderen, von Cicero abgelehnten philosophischen Ansichten entsprungen sind. Diese Ablehnung enthält implizit auch die Anerkennung, dass Freunde getrennt und verschieden sind und ihre Freundschaft davon abhängt, wie diese Unterschiede zusammenpassen und gegenseitige Zufriedenheit schaffen, nicht als Mittel zum Zweck, sondern aus der Zuneigung, die beide Seiten füreinander hegen.

In der informellen Logik gibt es den „No true Scotsman"-Trugschluss, abgeleitet aus der fiktiven Behauptung eines schottischen Patrioten zu einer Verfehlung eines anderen Schotten: „Kein wahrer Schotte würde so etwas tun!" Und darin besteht der Trugschluss: Ein angebliches X, das nicht in die gewünschte Definition eines wahren X passt, kann von der Klasse der X ausgeschlossen werden, indem man die Torpfosten so setzt, dass nur wahre X eingeschlossen sind. Laelius begeht diesen Trugschluss schon früh, wenn er sagt, dass wahre „Freundschaft nur zwischen Gutgesinnten bestehen kann". Deshalb kann er behaupten, dass die Freundschaft böser Menschen, die eng befreundet sind, keine „wahre" Freundschaft sei. Das ist wichtig, denn die klassische Formel, dass „wahre" Freundschaft gegenseitig anerkannte Tugend beinhaltet, erlaubt es Theoretikern der Freundschaft, bestimmte Probleme zu umgehen – zum Beispiel, dass Loyalität ein wesentlicher Bestandteil von Freundschaft sei, was mit dem Anspruch kollidiert, dass Freundschaft Menschen nicht zu unehrenhaften Handlungen verleiten dürfe. Das Problem wird durch die Bestimmung vermieden, dass „wahre" Freundschaft auf Tugend gründet und daher die Beteiligten nicht zur Unehrenhaftigkeit verleiten kann: Ein „wahrer" Freund würde einen weder bitten, eine unehrenhafte Tat zu begehen, noch würde er unehrenhafte Dinge unterstützen; er würde vielmehr protestieren und einen zu besseren Lösungen führen. Doch kann man sich mit einer unehrenhaften Person gar nicht befreunden, weil „wahre" Freundschaft mit so jemandem nicht möglich ist. Weil das offensichtlich nicht der Fall ist, muss das Sprechen über „wahre" Freundschaft in die Irre führen.

Laelius leitet seine Definition eines „Gutgesinnten" – der ehrenhaft, gerecht, großzügig, mutig und loyal sowie frei von Gier, Zügellosigkeit und Gewalttätigkeit ist – dadurch ein, dass er meint, er werde sich nicht in pedantische Genauigkeit verstricken, um zu definieren, was ein „Gutgesinnter“ sei. Doch der Standard, den er setzt, ist extrem hoch und eher konventionell als pragmatisch – wie Cicero behauptet, sein zu wollen. Wir würden doch hoffen, dass ein Freund (ein „wahrer“ Freund!) unsere Fehler vergeben, über Niederlagen und Versäumnisse hinwegsehen und Unvollkommenheiten halbwegs tolerieren würde, manchmal sogar wirkliche Sünden. Natürlich ist es zu viel verlangt, dass eine Freundschaft echte Gemeinheiten des einen gegenüber dem anderen oder Außenstehenden überleben sollte. Aber wie in der „wahren“ Liebe wäre es utopisch, zu erwarten, dass eine Freundschaft immer frei von Schwierigkeiten bleibt.

Laelius’ Definition von Freundschaft – Freude an der Gesellschaft des anderen, Übereinstimmung in vielen Dingen und gegenseitige Zuneigung und Wohlwollen – funktioniert viel besser als seine Definitionen von „wahrer“ Freundschaft und „Gutgesinnten“ und schlägt genau den klugen Ton an, den man von Cicero erwarten würde. Der Begriff der *benevolentia*, „Wohlwollen“, enthält die Verpflichtung, Glück wie Unglück zu teilen, einen Freund sowohl in „Schwäche und Verzweiflung“ zu unterstützen wie in den Freuden des Lebens. Wenn der Begriff „wahre“ Freundschaft eine Funktion hat, dann hier.

Ähnlich wie Aristoteles, doch noch ausdrücklicher – zweifellos durch den Einfluss stoischer Philosophen und ihre berühmte Forderung, der „Natur zu folgen“, die ihn offensichtlich beeindruckt hatte, auch wenn er kein Stoiker war – sieht Cicero den Impuls zur Freundschaft als natürlich, als notwendigen Bestandteil der menschlichen Natur wie der Natur von Tieren im Allgemeinen. Doch sind die sozialen Faktoren ebenso mächtig, wenn nicht mächtiger: Sind das Gefühl von Wohlwollen und die Empfindung der Zuneigung einmal vorhanden, können sie entweder durch gegenseitige Vorteile gestärkt oder durch das Auftauchen von Gegensätzen und mögliche Veränderungen von Charakter oder Persönlichkeit geschwächt werden. Die Erkenntnis daraus: Das unerreichbare klassische Freundschaftsideal zwischen unrealistisch idealen Individuen muss abgemildert werden durch eine gesunde Dosis Pragmatismus, um es auch nur annähernd glaubwürdig zu machen.

Man kann die Antike nicht verlassen – und noch weniger ihre Lehren für die heutige Zeit –, ohne Plutarch zu erwähnen und die Frage der zu vielen Freunde.[58] Dieser Punkt ist für uns relevant, weil die Menschen heute gewaltige Mengen von „Freunden" über soziale Medien wie Facebook gewinnen. Wenn jemand zehn, fünfzig, hundert, tausend „Freunde" auf Facebook hat, sind das wirklich alles Freunde? Und wenn, sind sie alle gleichermaßen Freunde? Erhält die Unterscheidung zwischen Freund und Bekanntschaft im Zeitalter von Facebook eine besondere Bedeutung? Zumindest in einigen Fragen dazu ist die antike Welt nicht ohne Einsichten.

Plutarch ist mehr für seine *Vergleichenden Lebensbeschreibungen* als für seine *Moralischen Schriften* bekannt, von denen einige allerdings große Eleganz und Bedeutung haben – nicht zuletzt in der Frage, wie viele Freunde wirklich Freunde sein können. Will man einen wirklich guten Freund gewinnen, ist nach Ansicht Plutarchs der Wunsch nach vielen Freunden ein großes Hindernis, denn er ist das Ergebnis unserer Liebe zu Neuem, unseres Wankelmuts und unserer Unbeständigkeit, sodass wir unentwegt neue Freundschaften suchen, obwohl nichts dabei herauskommt. Schon die Literatur lehrt uns, meint er, dass beispielhafte Freundschaften aus der Beziehung zwischen zwei Menschen bestehen – und zitiert Theseus und Peirithoos, Achilles und Patroklos, Orestes und Pylades, Damon und Phintias sowie Epaminondas und Pelopidas. Zudem stellt er fest, dass die aristotelische Idee des „anderen Selbst" ebenfalls Dualität impliziert.

Die einzige Währung, die einen guten Freund kaufen kann, ist für Plutarch „Wohlwollen und Gefälligkeit in Verbindung mit Tugend". Doch dies sind seltene Vorzüge, und wenn man einen Überfluss an Freunden hat, werden sie damit kaum ausgestattet sein. Wie ein Fluss, der in viele Läufe aufgeteilt ist, in jedem nur schwach rinnt, so wird auch die eigene Zuneigung nur schwach und unwirksam sein, wenn sie auf zu viele Empfänger aufgeteilt wird.

Wie beim Rat des Polonius an Hamlet – „Doch härte deine Hand nicht durch Begrüßung von jedem neugeheckten Bruder"[59] – rät Plutarch eindringlich ab von allzu schneller Intimität mit Zufallsbekanntschaften oder Schmeichlern: „Was man leicht bekommt, ist nicht immer wünschenswert." Der Beginn einer Freundschaft ist der Schlüssel für ihre weitere Qualität. Einen schlechten Freund wird man nicht so leicht wieder los, es ist lästig, ihn zu behalten, und schädlich, wenn man ihn sich zum Feind macht, während man ihn abschüttelt. „Wie man schädliche, unbekömmliche Nahrungsmittel nicht bei sich behalten kann, ohne das Wohlbefinden zu beeinträchtigen und zu gefährden, sie aber auch nicht in der Form, in der man sie eingenommen hat, wieder los wird, sondern nur als ekliges, widerwärtiges Gemisch, so verhält es sich auch mit einem schlechten Freund: Entweder bleibt er da als ständiger Anlaß zu Unwillen und Betrübnis, oder man wirft ihn feindselig und grollend gewaltsam hinaus, wie bittere Galle.

Kurz: Man muss seine Freunde sehr sorgfältig auswählen und sich dabei Zeit lassen. „Wie Zeuxis einmal sagte, als einige ihm vorwarfen, er male zu langsam: ‚Ich gestehe ein, daß ich viel Zeit zum Malen brauche, aber meine Bilder sollen auch lange überdauern.'"[60]

Beim Gedanken, dass ein guter Freund jemand ist, der Vergnügen und Nutzen bringt, wendet sich Plutarch scheinbar offen gegen Aristoteles und Cicero. Doch er ist ihrer Meinung, dass die Bindung zwischen Freunden, gestärkt durch Umgang und Liebenswürdigkeit, beides erzeugt – sie sind das Ergebnis von Freundschaft, nicht umgekehrt. Wie Menelaos über Odysseus sagte: „Nichts anderes hätte uns beiden die Freundschaft und die Freude daran gestört, bis schließlich die dunkle Wolke des Todes uns umhüllte."[61] Ein solches tiefes Gefühl zwischen Freunden ist nicht das Ergebnis von Berechnung.

Beständigkeit und Zuverlässigkeit sind in einer Freundschaft wünschenswert, wenn wir davon ausgehen, dass beide Seiten an den Schwierigkeiten des anderen ebenso teilnehmen wie die guten Zeiten gemeinsam genießen, wenn die freundschaftliche Bindung einmal begonnen hat. Dies ist ein weiterer Grund dafür, Freunde sorgfältig auszuwählen, denn solche Qualitäten sind selten. „So erfordert auch eine Vielzahl von Freundschaften als Basis eine Seele, die vieles empfindet, wendig und biegsam ist und leicht zu verändern. Freundschaft aber sucht nach einem standhaften, festen Charakter, der beständig an einem Platz verweilt, bei einer vertrauten Beziehung. Eben deshalb ist ein zuverlässiger Freund so selten und fast nicht zu finden."[62] Man kann dies auch umdrehen und darauf hinweisen, dass wir gut daran tun, nur einen oder sehr wenige Freunde sorgfältig auszusuchen, weil unsere eigene Aufnahmefähigkeit es erfordert – man denke an das englische Sprichwort „A friend to all is a friend to none".

Ein vernünftiger, deutlicher Rat, einleuchtend genug, doch unterhaltsam formuliert. Wenn er etwas weniger kostbar daherkommt als die idealisierten Vorstellungen der wichtigsten klassischen Quellen, dann ist das ein Schritt in die richtige Richtung.

Kapitel 4

Freundschaft und Christentum

Eines der einflussreichsten Werke Ciceros aus seinen Jahren höchster philosophischer Produktivität ist ein Dialog namens *Hortensius*, genannt nach seinem Freund Quintus Hortensius Hortalus. Es handelt sich um einen einführenden Überblick zur Philosophie, um der römischen Republik den Reichtum griechischer philosophischer Tradition vor Augen zu führen. Man geht davon aus, dass es eine Bearbeitung und Erweiterung von Aristoteles' eigener Einführung in die Philosophie ist, bekannt unter dem lateinischen Titel *Protrepticus philosophiae*, die in der Antike als Einladung zu einem philosophischen Leben und Denken berühmt war.

Beide Werke sind leider verloren, nur Fragmente sind überliefert. Es gab Bemühungen, den *Protrepticus* aus Zitaten in alten Texten zu rekonstruieren. Doch dürfte Ciceros *Hortensius* den größeren Einfluss gehabt haben, und nicht zuletzt auf Augustinus von Hippo.

In seinen *Bekenntnissen* teilt uns Augustinus mit, dass die Lektüre von Ciceros *Hortensius* ihn im Alter von neunzehn Jahren mit „unglaublicher Inbrunst" nach Philosophie erfüllt habe.[63] Es dauerte noch ein weiteres Jahrzehnt, bis sein ausschweifendes Leben durch seine christliche Bekehrung ein Ende fand, doch hat er Cicero immer zu seinen wichtigsten Einflüssen gezählt – zusammen mit Platon, Plotinos und Porphyros: eine beeindruckende Gruppe –, ein Anspruch, den er auch dadurch bestätigt, dass er fragt, was könne es in dieser an Irrungen und Sorgen überreichen menschlichen Gesellschaft Tröstlicheres geben als „echte Treue und gegenseitige Liebe wahrer und guter Freunde".[64]

Das vierte Buch von Augustinus' *Bekenntnissen* enthält eine Darstellung der Freundschaft. Interessant darin ist unter anderem, dass es Christen von Anfang an schwerfällt, über Freundschaft nachzudenken, weil der Begründer ihrer Religion sie zur *agape* aufgefordert hat, der ausnahmslosen Liebe zu ihren Mitmenschen. Das Christentum steht mit dieser Vorschrift nicht allein, auch Buddhismus und Mohismus fordern universelle Liebe für die eigenen Nächsten (der Buddhismus sogar noch umfassender und mitfühlender für alle Wesen). Doch diese Sichtweise ist unvereinbar mit der wählerischen und bevorzugenden Liebe zu einem oder einigen wenigen anderen, die durch ihren besonderen Platz in den eigenen Gefühlen über den Rest der Menschheit hinausgehoben werden. Solche Gedanken scheinen unmittelbar zu bedeuten, dass man an sich keine Freunde haben sollte, weil man der Freund aller ist. Und damit der Kritik Plutarchs an jenen zum Opfer fällt, die zu viele Freunde haben.

Im Fall von Augustinus ist das Dilemma noch akuter, weil er mit einem jungen Mann befreundet war, der bereits ein Mitschüler und Spielgefährte gewesen war und nun mit ihm in seiner Heimatstadt Tagaste lebte, wohin Augustinus als Lehrer für Rhetorik zurückgekehrt war. Er hatte „einen gleichaltrigen Freund und wie ich von jugendlicher Kraft strotzenden Freund gewonnen, dem ich aufgrund gemeinsamer Studien überaus zugetan war". Weil er aus christlicher Perspektive zurückblickt, muss Augustinus diese Beziehung als keine „wahre" Freundschaft einstufen (hier haben wir wieder den „No true Scotsman"), denn als solche können nur Freundschaften gelten, die durch den Heiligen Geist an Gott gebunden sind. Doch er fügt hinzu, „ohne ihn zu leben – es wäre für mich ein Unding gewesen", da ihre Freundschaft „erquicklicher war als alle Erquicklichkeiten meines damaligen Lebens sonst".[65] Der junge Mann starb am Fieber.

„In allem, was mir vor Augen trat, begegnete mir der Tod. Meine Vaterstadt war mir eine Folter, mein Elternhaus Stätte außerordentlichen Elends, und alles, was ich mit ihm zusammen unternommen hatte, verkehrte sich ohne ihn zu einem unerträglich qualvollen Tun. Überall suchten ihn meine Augen, doch es war vergeblich; alles war mir verhasst, weil es von ihm

nichts an sich hatte und es mir nicht mehr sagen konnte: ‚Er wird schon noch kommen', wie es damals, als er noch lebte, immer dann der Fall war, wenn er abwesend war. Ich war mir selbst ein großes Rätsel geworden und fragte meine Seele, warum sie betrübt sei und mich über die Maßen in Verwirrung stürzte, doch sie wusste mir darauf keine Antwort zu geben. Und wenn ich sagte: ‚Hoffe auf Gott!', so gehorchte sie nicht, und dies mit Recht, weil der Mann, dem ich sehr zugetan war und den sie dann verloren hatte, wahrer und besser war als das Hirngespinst, auf das sie hoffen sollte. Einzig die Tränen taten mir gut; sie hatten den Platz meines Freundes eingenommen und waren nun das, was ich am liebsten hatte.“[66]

Die Qualen, die der Verlust seines Freundes ihm bereitete, trieben Augustinus von Tagaste nach Karthago, um dem Ort seiner Trauer zu entkommen. Nach einiger Zeit ließ die Trauer nach, und am „meisten stärkten mich wieder die Tröstungen neuer Freunde und halfen mir wieder auf; mit diesen Freunden liebte ich, was ist statt deiner liebte“ – nicht jedoch, wie Augustinus beklagt, Gott selbst. Es folgt eine großartige Beschreibung:

„Es gab aber noch anderes, was mich im Umgang mit ihnen weit mehr anzog: miteinander zu reden und zu lachen, sich gegenseitig Gefälligkeiten zu erweisen, gemeinsam schöngeistige Bücher zu lesen, gemeinsam zu scherzen und zugleich einander Achtung zu zollen, gelegentlich anderer Meinung zu sein, freilich ohne Gehässigkeit, ganz so, wie man auch mit sich selbst in Widerstreit liegt, gerade durch die nur recht selten auftretende Meinungsverschiedenheit die doch überwiegend vorherrschende Eintracht noch zu würzen, einander etwas zu lehren und voneinander zu lernen, Abwesende schmerzlich zu vermissen, Zurückkehrende freudig zu empfangen – durch diese und ähnliche Zeichen der Liebe und Gegenliebe, die aus dem Herzen kommen und sich über die Miene, die Stimme, die Blicke und tausend freundliche Gesten äußern, wie mit Zündstoff die Herzen zu entflammen und aus mehreren Herzen ein einziges werden zu lassen.“[67]

Großartig.

Dies ist offensichtlich ein weltlicher Bericht. „Das ist es, was man an Freunden liebt“, sagt Augustinus, „und zwar so, dass sich das menschliche Gewissen schuldig fühlt, sollte Gegenliebe nicht auf Liebe, Liebe nicht auf Gegenliebe stoßen, ohne freilich vom anderen mehr zu verlangen als Zeichen des Geneigtseins. Daher die Trauer, wenn einer stirbt, die schmerzliche Dunkelheit, das durch den Umschlag der Wonne zur Bitternis gekehrte sieche Herz und das Todesgefühl der Lebenden, wenn Sterbende ihr Leben verloren haben."[68] Unmittelbar im Anschluss daran schreibt Augustinus ein langes Gebet, als ob er Gott gegenüber die Tatsache wiedergutmachen wollte, dass er seine Freunde mehr liebte als ihn. Ein Dithyrambus [leidenschaftliches Loblied] an Gott nötigt ihn am Ende zu sagen: „Das wusste ich damals nicht [zur Zeit jener Freundschaften], ich liebte das niedere Schöne."[69]

Das Schlüsselproblem des Christen steckt gleich in der allerersten Zeile des Gedichts: „Selig, wer dich liebt, in dir seinen Freund und deinetwegen seinen Feind! Denn der allein verliert kein ihm teures Wesen, dem alle im Unverlierbaren teuer sind."[70] Wenn unsere größte Liebe Gott vorbehalten ist, dann ist es falsch, einen anderen Menschen zu sehr zu lieben oder mehr als Gott. Es ist unwichtig, wie viel Liebe für jemand anderen als Gott übrig bleibt, wenn wir Gott „mit ganzem Herzen und ganzer Seele" lieben müssen, wie die Beschwörungsformel lautet. Auf jeden Fall muss diese Liebe „durch Gott" erfahren werden. Doch müssen wir unsere Feinde ebenso lieben, wir müssen jeden lieben. „Liebe deinen Nächsten wie dich selbst" ist das christliche Gebot, und die Antwort auf die Frage „Wer ist mein Nächster?" gibt die Geschichte vom barmherzigen Samariter und dem Fremden.[71] In den leidenschaftlichen und bewegenden Briefen von Héloise an Abélard nach ihrem Unglück wird die Kraft der menschlichen Liebe ebenso gut dargestellt wie in Augustinus' Bericht über seine Freundschaften vor seiner Bekehrung. Sowohl Abélards grimmige Antworten als auch Augustinus' Bedauern nach seiner Konversion veranschaulichen die Kehrseite.[72]

Doch die Geschichte der Freundschaft bei Augustinus endet nicht mit seiner Bekehrung. Die *Bekenntnisse* machen deutlich, dass neben Ambrosius von Mailand seine Freunde Nebridius und Alypius seine Gefährten waren auf dem Weg zur Bekehrung und danach. Über Alypius, mit dem er gemeinsam die Taufe empfing und der Bischof von Tagaste wurde, als er selbst Bischof von Hippo war, schrieb Augustinus: „Denn wer ihn und mich kennt, wird erklären, daß wir nur dem Leibe nach zwei Personen sind, nicht aber der Seele nach, wegen unserer gleichen Gesinnung und treuesten Freundschaft nämlich, nicht in Bezug auf Verdienste, in denen er mich überragt.“[73] Es ist das Bekenntnis von jemandem, für den Freundschaft von großer menschlicher Bedeutung ist, eine Beziehung, die auch der Gehorsam gegenüber einer dritten Partei (nämlich der Gottheit) nicht ändern kann. Man könnte die göttlichen Bezüge weglassen und erhielte eine wunderbare Beschreibung dessen, was Freundschaft für jemanden bedeutet, der eine offensichtliche Begabung dafür hat.

Doch Augustinus' offizielle Position ist, wie sie sein muss: „Wahre“ Freundschaft kommt von Gott. „Derjenige liebt nämlich wahrhaft seinen Freund, der Gott in seinem Freund liebt, entweder weil er in ihm ist, oder damit er in ihm sei.“[74] „... denn echt ist eine Freundschaft nur, wenn du sie stiftest als festes Band zwischen Menschen, die auf dich vertrauen, ein Band, fest durch die Liebe, die in unseren Herzen ausgegossen ist durch den Heiligen Geist, der uns geschenkt worden ist.“[75]

Dies war das Hauptthema des konvertierten Augustinus. Der Widerspruch zwischen der Liebe zu Gott und der Liebe zu menschlichen Freunden wurde im Glauben gelöst, dass es Gott sei, der Freundschaft überhaupt erst schließen könne. Das sei auch besser so, ermahnt uns Augustinus, denn wäre Freundschaft nur eine weltliche Angelegenheit, könnte sie uns in die Irre führen: „Auch die Freundschaft unter den Menschen ist ein reizvolles Gut durch ihr unschätzbares Band, das viele Geister eint. Aber all das – und anderes mehr – gibt der Sünde Raum, wenn in ungezügelter Neigung der Bereich dieser Güter, handelt es sich doch um Grenzgüter, maßlos überschritten wird und bessere, ja höchste Güter, nämlich du, Herr, unser Gott, deine Wahrheit und dein Gesetz, preisgegeben werden.“[76] Dabei denkt er an „feindselige Freundschaft“, die ihn als Kind dazu verleitet hatte, Birnen zu stehlen, und erzählt die bekannte Geschichte, wie er Birnen aus dem Garten eines Nachbarn stahl, die gar nicht besonders verlockend aussahen oder schmeckten, es ging also nicht um die verbotenen Früchte selbst, wichtig war nur die Lust am Abenteuer. „Allein jedoch hätte ich diesen Diebstahl nicht begangen; an ihm gefiel mir nicht, was ich stahl, sondern dass ich stahl: Die Tat allein zu begehen gefiel mir überhaupt nicht, und ich hätte sie auch nicht begangen. Du allzu feindselige Freundschaft, unerforschliche Verführung des Geistes!“[77]

Die fertige Lehre von der Freundschaft ist unzweifelhaft theologisch. „So kommt es, daß zwischen den Freunden, zwischen denen es keine Übereinstimmung in göttlichen Dingen gibt, auch die in irdischen Dingen nicht vollkommen und wahr sein kann. Der, der die göttlichen Dinge verachtet, schätzt die irdischen anders ein, als es sich gehört, und wer den nicht schätzt, der den Menschen geschaffen hat, weiß den Menschen nicht richtig einzuschätzen.“[78] Zwei Gebote Gottes werden so erläutert:

> *„‚Du sollst den Herrn, Deinen Gott, aus Deinem ganzen Herzen und aus Deiner ganzen Seele und aus Deinem ganzen Verstand lieben‘ und: ‚Du sollst Deinen Nächsten lieben wie Dich selbst‘; an diesen beiden Weisungen hängt das ganze Gesetz und die Propheten. Auf jenem ersten [Gebot] beruht die Übereinstimmung mit Wohlwollen und Liebe in göttlichen, auf diesem zweiten die in irdischen Dingen. Wenn Du mit mir sehr beharrlich an diesen beiden [Geboten] festhältst, wird unsere Freundschaft wahrhaftig und ewig sein und wird uns nicht nur gegenseitig verbinden, sondern auch mit dem Herrn selbst.“*[79]

Die Frage, ob menschliche Freundschaften nur dann „wahre“ Freundschaften sind, wenn sie von Gott geschlossen werden und anderen Christen zugutekommen, ist natürlich eine „No true Scotsman“-Frage. Denn es geht um die Definition, ob Häretiker, Atheisten oder Anhänger einer anderen Religion, die einander lieben und feste, treue Freunde sind, „nicht wirklich“ Freunde sind oder gar „feindselige Freunde“ (also Feinde), weil sie einander in der Fortführung ihres Irrglaubens unterstützen. Hier kommt man schnell in das Paradox, dass jene, die sich außerhalb der christlichen Nächstenliebe bewegen, ihre „unfreundlichen Freunde“ lieben und daher dem Gebot gehorchen, ihre Feinde zu lieben – und das ist keine bloße Spitzfindigkeit.

In Bezug auf Feinde wird die Sache noch komplizierter. Augustinus muss hier mit dem Problem zurechtkommen, dass uns von Gott befohlen wird, unsere Feinde ebenso zu lieben wie unsere Freunde, sodass die Grenze unscharf wird zwischen dem, was wir unseren Freunden schuldig sind, und dem, was wir unseren Feinden nicht schulden können, eben weil sie Feinde sind – da gibt es einen fundamentalen Unterschied. Weil sie beide geliebt werden müssen, muss es einen Unterschied geben zwischen zwei Arten zu lieben: „Wie kann dies [also Liebe] Freunden verweigert werden, die man doch auch Feinden schuldet? Feinden jedoch wird diese Schuld mit Vorsicht bezahlt, während man sie bei Freunden vertrauensvoll erwidert."[80]

Dies sind die Schwierigkeiten, die daraus entstehen, dass man christlicher Lehre entsprechen will. Wenn wir die Darstellung in den *Bekenntnissen* von ihrem christlichen Schleier befreien, erkennt man ein bemerkenswert menschliches Porträt der Beziehung, die Augustinus ebenso wie Cicero für wesentlich hält im Leben, wie es in der realen Welt gelebt wird. Noch einmal: „... miteinander zu reden und zu lachen, sich gegenseitig Gefälligkeiten zu erweisen, gemeinsam schöngeistige Bücher zu lesen, gemeinsam zu scherzen und zugleich einander Achtung zu zollen, gelegentlich anderer Meinung zu sein, ... einander etwas zu lehren und voneinander zu lernen, Abwesende schmerzlich zu vermissen, Zurückkehrende freudig zu empfangen – durch diese und ähnliche Zeichen der Liebe und Gegenliebe ... aus mehreren Herzen ein einziges werden zu lassen."[81] Dies gehört in jedem Fall zu dem, was wir meinen, wenn wir von Freundschaft sprechen.

Im Gegensatz zu Augustinus spricht Thomas von Aquin auch die Freundschaft – wenn dies hier noch das richtige Wort ist – zwischen grundverschiedenen Wesen an: zwischen Mensch und Gott. Man könnte sich fragen, ob Freundschaft wirklich die richtige Beziehung ist im Verhältnis zum möglichen Schöpfer, Herrn und Meister des Universums, von dem es so oft heißt, man sollte ihn verehren, sich ihm unterwerfen und gehorchen – kein richtiger Kumpel also. Doch genau das meint Thomas von Aquin.

Zunächst sollten wir die Schwierigkeiten bedenken. Bei Aristoteles sind Gleichheit, gemeinsame Aktivitäten und Interessen Voraussetzungen einer Freundschaft. Weder Gleichheit noch gemeinsame Aktivitäten sind in der Beziehung zwischen Gott und Mensch möglich. Sowohl bei Aristoteles als auch bei Cicero und Augustinus ist Freundschaft dadurch gekennzeichnet, dass man sich aufeinander verlassen kann – doch welche Gegenseitigkeit gibt es mit der Gottheit? Könnte zumindest der heiligste und gläubigste Anhänger Gottes sich zum Beispiel darauf verlassen, dass er Antwort bekommt auf die Bitte um irgendeine irdische Hilfe? Dem untergeordneten Teil dieser Beziehung ist die Natur Gottes weitgehend unbekannt, Gottes Ansichten und Absichten kennt er überhaupt nicht. Wie kann Thomas von Aquin auch nur daran denken, die Beziehung zwischen Mensch und Gott als Freundschaft zu sehen?

Und doch stellt sich Thomas an den verstreuten Stellen, an denen das Thema bei ihm vorkommt, diese Aufgabe. Er geht davon aus, dass menschliche Freundschaften Analogien und Modelle für die menschlich-göttliche Beziehung bieten – die nach Thomas in ihrem perfekten Endstadium auf eine Freundschaft im Wortsinn zielt.

In den *Summa theologica* rechnet Thomas die Freundschaft zu jenen Dingen, die zu einem glücklichen Leben gehören.[82] Ein glücklicher Mensch benötigt keine Freunde, die ihm helfen oder ihm Vergnügen bereiten, denn er ist so tugendhaft (sonst wäre er nicht so glücklich, wie er ist), dass er sich selbst genügt und im Bewusstsein seiner Tugend alle Freude findet, die er braucht. Dennoch sind Freunde wichtig, für tugendhafte Tätigkeiten, wozu auch gehört, dass man ihnen Wohlwollen zeigt.

Thomas' grundlegende Analyse der verschiedenen Arten von Liebe folgt Aristoteles, wenn er echte Freundschaft, bei der die Beteiligten einander um ihrer selbst willen lieben und dem anderen Gutes wünschen, von Beziehungen unterscheidet, die auf Nützlichkeit oder Lust gründen.[83] Erstere ist Freundesliebe, Letztere ist lüsterne Liebe. Beide überschneiden sich oft in der Praxis und sind Ursachen für alle menschlichen Handlungen und Gefühle.[84]

Für Thomas scheint der Konflikt zwischen Nächstenliebe und Freundschaft, der christliches Denken über Letztere belastet – also zwischen der universellen, brüderlichen Liebe, *agape*, und der partiellen, bevorzugenden Zuneigung der Freundschaft – kein Problem zu sein . Ähnlich wie Augustinus unterscheidet er verschiedene Grade von Nächstenliebe, eine bevorzugende Form konzentriert sich nur auf einen oder einige wenige andere und besteht auch in der „Heimat", *patria*, weiter – also im Himmel.[85]

Das Problem der Nächstenliebe wird bei Lukas 6, 32 erfasst: „Wenn ihr nur die liebt, die euch lieben, welchen Dank erwartet ihr dafür? Auch die Sünder lieben die, von denen sie geliebt werden." Um die These zu untermauern, dass christliche Nächstenliebe menschliche Freundschaft ist, die durch Gnade erhöht wurde, zitiert Thomas Johannes 15, 15: „Ich nenne euch nicht mehr Knechte ... Vielmehr habe ich euch Freunde genannt."

Aus dieser Perspektive ist Nächstenliebe die perfektionierte spirituelle Version dessen, was Menschen in ihrer unbeholfenen und körperlichen Weise in der Freundschaft erreichen können.[86]

Es ist nicht sicher, ob die Worte des Johannesevangeliums genau das leisten, was Thomas beabsichtigt. Wenn man ausführlicher zitiert, heißt es dort: „Ihr seid meine Freunde, wenn ihr tut, was ich euch auftrage. Ich nenne euch nicht mehr Knechte; denn der Knecht weiß nicht, was sein Herr tut." Dies passt besser zur speziellen Bedeutung von „Freundschaft" im Sinne einer Sachbeziehung. Doch das ist keine Freundschaft in irgendeinem anderen erkennbaren Sinn.

Ein noch größeres Problem für Thomas taucht hier auf: Wie kann die Nächstenliebe gegenüber einem Feind als Freundschaft gelten, bedenkt man den Anspruch des Aristoteles, dass Freundschaft gegenseitige Liebe einschließt. Thomas' Lösung ist ein Musterbeispiel für eine Argumentation, die Athen und Jerusalem versöhnt: Wir lieben unsere Feinde indirekt, sagt er, durch eine Kette von Menschen, deren Liebe schließlich beim Feind ankommt. Ich liebe dich, du liebst deinen Freund, den ich nicht liebe oder vielleicht auch nicht kenne, dieser wiederum liebt jemand anderen … und so weiter, bis der Feind über eine zwischengeschaltete Kette der Liebe erreicht ist.[87]

Auf demselben indirekten Weg werden wir von unseren Feinden wiedergeliebt. In jedem Fall ist bei jeder Nächstenliebe Gott das formale Objekt und nicht bloß das Ziel, was einer weiteren Schwierigkeit vorbeugt: dass die Liebe zu einem Sünder oder einem Feind (wie indirekt auch immer oder – ein weiteres Problem – unbewusst) in gewissem Sinn darüber hinwegsieht, was ihn dazu gemacht hat. Im Fall der Sünder kann das nicht richtig sein, hat doch Aristoteles gefordert, dass man nur Tugendhafte lieben sollte – diese Auszeichnung ist eine Vorbedingung dafür, dass man als Freund überhaupt geliebt werden kann. Wie kann man einen Sünder lieben, auch wenn man die Sünde nicht liebt? Auch dieses Problem wird gelöst, indem man Gott zum formalen Objekt der Liebe macht. Indem wir den Sünder lieben, lieben wir Gott, also doch jemanden, der tugendhaft und ehrenwert ist.

Dies löst jedoch nicht das Problem von Gottes Liebe zu uns, denn wir sind ausdrücklich weder tugendhaft noch ehrenwert. Wie kann er uns lieben, wenn wir tugendhaft und ehrenwert sein müssen, damit man uns überhaupt lieben kann? Ganz einfach: Gottes Liebe ist ein Teil seiner Tugend, nicht der unseren, seine Liebe macht uns gut, er liebt uns nicht deshalb, weil wir gut sind.[88]

In diesem Trommelfeuer der Kasuistik gibt es einen interessanten Aspekt, der einer Beobachtung des Aristoteles zusätzliche Raffinesse verleiht: Es bedarf angemessener Selbstliebe, damit man anderen ein guter Freund sein kann. Thomas zitiert Levitikus 19, 18: „Du sollst deinen Nächsten lieben wie dich selbst", und benutzt ihn, um der Formel vom „anderen Selbst" eine neue Wendung zu geben. Wenn wir nicht uns selbst gute Freunde sind, wie können wir es dann für andere sein? Wenn wir keine Selbstachtung haben, wie können wir erwarten, dass uns andere respektieren und überhaupt unsere Freunde werden? Ein guter Gedanke, doch man kann ihn auch übertreiben: Heute gibt es die Standardformel „Weil ich es wert bin", die demonstriert, wie Selbstliebe zu einer Rechtfertigung dafür werden kann, dass man andere nicht einmal mehr wahrnimmt, schon gar nicht die weniger Glücklichen. Selbstachtung ist eine Sache, Egoismus ist etwas anderes. Die alten Autoren denken an Ersteres, nicht an Letzteres.

Die prinzipielle Schwierigkeit für jemanden, der religiöse Ansichten über ein so menschliches und so wichtiges weltliches Thema wie Freundschaft kommentiert, ist die, dass ihre Unterordnung unter das Dogma sie abwertet, auch wenn viel Gutes dabei herauskommt, ganz besonders bei Augustinus, einem Mann mit starken menschlichen Leidenschaften und Erfahrungen im Umgang mit ihnen. Bertrand Russell hat das Problem im Zusammenhang mit Thomas von Aquin zur Sprache gebracht: Wenn Ergebnisse bereits von vornherein feststehen oder man zumindest weiß, dass sie mit anderen bestehenden Ergebnissen übereinstimmen müssen, ist der Wert der Argumente, die zu ihnen führen, minimal.[89]

Meistens führen die Epigonen einer Lehre allerdings ein geistiges Doppelleben: Die Lehre sagt das eine, menschliche Bedürfnisse und Interessen setzen sich aber trotzdem durch – wie im Falle von Katholizismus und Empfängnisverhütung. Der hohe Stellenwert von Freundschaft für uns Menschen führt dazu, dass wir unabhängig von Theorie und Lehre Freundschaften schließen und sogar Theorien und Lehren aufstellen, die mit den offiziellen nicht übereinstimmen.

Auf jeder christlichen Website finden wir Bekanntes: Freunde helfen einander in Notzeiten, teilen Freuden und Leiden des Lebens, vertrauen einander, vergeben einander, haben gemeinsame Sehnsüchte und Ziele und ermutigen einander, sie zu erreichen.[90] Die Idee, dass die Liebe zu anderen allumfassend sein und keinen Einzigen ausschließen sollte, ist nicht nur unannehmbar, sondern auch unlebbar, ebenso wie die Heilsbotschaft, dass wir unser Geld und unseren Besitz verschenken und wie die Lilien auf dem Felde keine Pläne für ein Morgen schmieden sollen, wenn wir Jesus folgen wollen. Der beständigste und ehrlichste Epigone wird als Fanatiker angesehen, wenn er tatsächlich tut, was die Schriften der großen Religionen ihm vorschreiben. Wären alle Fanatiker, wäre das menschliche Leben unerträglich, es würde aber auch (vielleicht zum Glück) nicht lange dauern.

Auch für fromme Gläubige ist schwer zu verstehen, welchen Unterschied es für ihre Freundschaften machen würde, wenn man die moraltheologischen Vorstellungen beiseiteließe. Was kann Augustinus' eindrucksvolle Darstellung des Wesens einer warmen und herzlichen Freundschaft gewinnen, wenn man sagt, sie sei vor Gott geschlossen worden wie eine arrangierte Hochzeit? Tatsache ist, dass die Bemühungen von Augustinus und Thomas deshalb notwendig wurden, weil das gänzlich weltliche Phänomen der Freundschaft der Idee gefährlich werden konnte, dass alles Gute ausschließlich von Gott kommt. Deshalb muss es durch komplizierte Argumente damit in Einklang gebracht werden. Wie die heidnischen Götter musste es in den Wertekanon des christlichen Glaubens übergeführt werden, so wie Weihnachten aus den weitverbreiteten Wintersonnwendfeiern der Antike entstanden ist. Wir haben gesehen, wie Augustinus und Thomas ihre Aufgabe gelöst haben. Müssten wir ihre Anstrengungen vergleichen, könnten wir sagen, dass Augustinus mit großem Vorsprung gewonnen hat.

Kapitel 5

Die Freundschaft der Renaissance

Angesichts etablierter historischer Bezeichnungen müssen wir die üblichen Richtigstellungen einfügen: Die drei oder mehr Jahrhunderte unter dem Namen „Renaissance" waren so unterschiedlich, wie Jahrhunderte nur sein können. Wenn wir ihnen einen großen Namen geben, verdunkeln wir genauso viel, wie wir erhellen. Doch die Gegensätze zum vorangegangenen Mittelalter sind deutlich. Der Begriff „mittelalterlich" stammt von Petrarca, einem der Väter der Renaissance. Er bezeichnete damit die Kluft zwischen seiner Zeit und einer Welt, in der das irdische Leben als Jammertal galt, ein dunkles, gefährliches Vorzimmer zu jener Glückseligkeit, die allen versprochen wurde, die durchhielten, ohne ihre Seelen mit allzu vielen Sünden zu beflecken. Die mittelalterliche Literatur gehörte zur Gattung *contemptus mundi.* Sie mahnte, dass der Teufel und seine Gesellen auf jede Gelegenheit – sogar die eines Niesens! – lauerten, um eine Seele in immerwährende Verdammnis zu werfen.

An die Stelle dieser hässlichen Welt – ihr Vorzug war die aufsteigende Schönheit gotischer Kathedralen, die zum Himmel zeigten, als ob sie sich vom irdischen Schmutz befreien und davonfliegen wollten – trat in der Renaissance das Fest des Lebens im Hier und Jetzt. Mittelalterliche Kunst ist unerbittlich religiös, ihr freudigster Ausdruck ist die endlos wiederholte Ikonografie der Nachfolgerin einer Göttin, deren Erinnerung verloren oder eher unterdrückt war, der Madonna – oder zu ihrem Vorspiel, der Verkündigung. Doch die meisten Kunstwerke handeln von Geißelung, Kreuzigung, Kreuzabnahme, Grablegung, vom Leiden am

Kreuz und an seinem Fuße, von der Hölle und ihren Qualen, um den Betrachter einzuschüchtern, mit gelegentlich etwas positiveren Einschüben von Auferstehung und Himmelfahrt.

Im Gegensatz dazu bietet die Kunst der Renaissance Landschaften und Picknicks, Porträts gewöhnlicher (wenn auch reicher und mächtiger, aber nicht göttlicher) Menschen, Stillleben, Mythologie, Erotisches, Akte, Schlachtszenen, Tiere, Schilderungen aus biblischen und literarischen Quellen, die Aspekte des menschlichen Lebens und Schicksals beleuchten, und vieles mehr. Mit der bildenden Kunst kamen Dichtung und Musik, eine Revolution in der Architektur, um dem Leben im Diesseits mehr Raum zu geben, die Anfänge einer neuen Wissenschaft und Philosophie, zunehmende Alphabetisierung sowie Reisen. Mit den Expeditionen portugiesischer Seefahrer begann die Globalisierung. All dies war direkt oder indirekt von der Wiederentdeckung der klassischen Antike inspiriert, der Wiedergeburt von Geisteshaltungen und Praktiken, die in Jahrhunderten religiöser Dominanz erfolgreich verdeckt und in vielen Fällen ausgelöscht worden waren.

Giovanni Boccaccio, Zeitgenosse und Freund Petrarcas, schrieb an der Schwelle der Renaissance am Ende seiner Geschichte von Titus und Gisippus im *Dekameron:*

> *„Ein heilig Ding ist also die Freundschaft und verdient nicht nur besondere Ehrfurcht, sondern auch ewige Lobpreisungen, weil sie als kluge Mutter der Großmut und Ehrenhaftigkeit, als Schwester der Dankbarkeit und der Nächstenliebe und als Feindin des Hasses und des Geizes stets und ohne eine Bitte zu erwarten bereit ist, dem andern ebenso zu tun, wie sie wünschte, daß ihr getan würde. Daß aber ihre heiligen Wirkungen heute nur zu seltenen Malen an zwei Menschen gesehn werden, das ist die Schuld und die Schmach der menschlichen Selbstsucht, die sie, immer nur auf den eigenen Vorteil bedacht, über die äußersten Grenzen der Erde in ewige Verbannung gewiesen hat.“*[91]

Weder die Geschichte selbst noch ihr Schlusswort berufen sich auf religiöse Positionen oder Sanktionen. Sie wurde ein Jahrhundert nach Thomas von Aquins Erörterung der Freundschaft geschrieben und enthält keinerlei Spuren davon oder irgendeiner anderen Theologie. Das Werk ist sowohl im damaligen als auch im heutigen Sinn humanistisch.

Dies war ein vielversprechender Beginn und in der Renaissance gibt es viele Beispiele für die Würdigung weltlicher Freundschaft als höchster Wert der Zeit. Großteils sind diese Stellen allerdings – vielleicht unvermeidlich – reine Wiederholungen ihrer selbst; schlimmer noch, beinahe alle wiederholen auch die Bemerkung des Aristoteles, die wohl am wenigsten maßgeblich sein sollte für das, was Freunde füreinander sind: die Bemerkung vom „anderen Selbst". Die Allgegenwart dieses Zitats macht es zu einem Klischee der Renaissance. In der Praxis zeigte unterdessen die Idee eines „Freundes" im funktionellen Sinne eines Gehilfen, Kollegen, Beistands, Angehörigen und jedes anderen, „der nicht gegen uns ist und daher für uns", dass die literarische und philosophische Bedeutung von „Freund" nach wie vor eine Idealvorstellung war wie schon in den klassischen Texten. In der Literatur kommt Freundschaft als affektierte Geste vor, zum Beispiel in der hochfliegenden Sprache des bewusst literarischen Briefes, in dem sowohl die Gefühle des Schreibers als auch die des Adressaten in leidenschaftliche Worte gefasst werden.

Ein wichtiger Augenblick für die Verbreitung der Formel vom „anderen Selbst" muss John Tiptofts Übersetzung von Ciceros *De amicitia* im Jahre 1481 gewesen sein.[92] Die Aussprüche des Erasmus – die *Collectanea* von 1500 und die *Adagiorum chiliades* von 1508 – waren im 16. Jahrhundert äußerst populär. Dutzende von ihnen beziehen sich auf die Freundschaft und wiederholen die klassischen Quellen in verschiedenen Formen: „ein Freund ist ein anderes Selbst", „Freundschaft ist Gleichheit", „Freunde haben alles gemeinsam" usw. Das waren nicht nur rhetorische Floskeln. Erasmus genoss berühmt gewordene Freundschaften mit Sir Thomas More und Hans Holbein und verfasste sogar einen Dialog unter dem Titel *Amicitia*, in dem er allerdings mehr auf natürliche Sympathien und Antipathien von Tieren eingeht (etwa wie die Eidechse die Schlange hasst) – für menschliche Freundschaft bleibt fast kein Platz. Eine Lehre zieht Erasmus jedoch daraus: Zuneigung und Abneigung sind das Ergebnis eines unerklärlichen natürlichen Vorgangs in uns. Daher müssen wir unsere Freunde unter jenen suchen, zu denen wir eine Neigung haben, weil es keinen erfindlichen Grund gibt.[93]

Die Formel vom „anderen Selbst“ taucht in jeder namhaften Quelle auf, doch keine bietet neue Einsichten zum Thema. Es gab eine Menge Recycling, untereinander, von Erasmus und den älteren Autoren. Endlos werden die Punkte „anderes Selbst“, „Gleichheit“, „alles gemeinsam“, „Übereinstimmung“ wiederholt, und alle sind einig, dass die „süße Verbindung“ der Freundschaft ein „Trost“ und eine „äußerst herzliche Medizin“ sei.[94]

Es ist leicht und lehrreich, sich Shakespeare und den Dramatikern zuzuwenden, um Einblick zu gewinnen in die zeitgenössischen Konzepte von Freundschaft. Betrachten wir kurz ein einschlägiges Beispiel, *Timon von Athen*. Es ist weniger ein Porträt falscher Freundschaft als vielmehr die Darstellung einer großen Enttäuschung. Es geht weder darum, was Timon gegeben und nicht zurückbekommen hat, noch darum, dass er nichts zurückbekommen hat, denn im Einzelfall ist Gegenseitigkeit nicht automatisch erforderlich. Der Punkt ist vielmehr, dass ihm verweigert wurde, was er brauchte, obwohl er niemandem etwas verweigert hatte – nicht einmal denen, die nicht in Bedrängnis waren. Ungerechtigkeit, Verrat und das niederschmetternde Scheitern der freundschaftlichen Verpflichtung zur Gegenseitigkeit, von der er ausgegangen war, stehen hinter Timons Zorn auf die Menschheit. Sein Charakter ist fragwürdig, zunächst in seiner ausschweifenden Torheit und dann in seinem allgemeinen Hass auf alle, obwohl ihn nur einige wenige betrogen hatten. William Hazlitt hat dazu eine interessante Bemerkung gemacht: dass es Shakespeare in seinem Stück durchwegs ernst meint. Damit die falschen Freunde Timon das antun können, was sie ihm antun, muss vorausgesetzt sein, dass es bei Freundschaft um das Gegenteil von Falschheit geht. Es sollte zumindest um Gegenseitigkeit gehen, um Hilfe, Vertrauen und das Halten einer unausgesprochenen Verbindung. Nichts davon funktioniert bei *Timon*, und deshalb bricht er zusammen.

Die beiden ausführlichen Texte über Freundschaft, die die Zeit als Teil gebildeter Lektüre bis heute überdauert haben, sind Beiträge von

Autoren der späten Renaissance, die aus anderen Gründen berühmt sind. Es sind die Essays von Montaigne und Bacon „Über die Freundschaft". Beide sind inhaltlich sehr gehaltvoll und doch sehr verschieden. Montaigne betrachtete seine Gefühle für seinen verstorbenen Freund Étienne de la Boétie als etwas Besonderes, Ungewöhnliches, anders als gewöhnliche Freundschaft, etwas, das nur sehr wenige je erfahren können. Gegenüber der allgemeinen Ansteckung war er nicht immun, wenn er sagt, Freundschaft sei „nach der höchst treffenden Definition des Aristoteles nur noch eine einzige Seele in zwei Körpern".[95] Doch seine Gefühle für den verlorenen Freund waren so stark, dass er nicht behauptete, sie entsprächen den großen Freundschaften in Mythos und Antike. Er scheint zu glauben, dass sie sogar über diese hinausgingen.

Bacons Essay hingegen ist zwar inhaltsreich und voll von guten Beobachtungen, er beschäftigt sich allerdings mit der Frage, was Freundschaft bewirkt – er nennt es „ihre Früchte". Die beiden Essays unterscheiden sich durch Stimmung und Absicht ihrer Autoren. Montaigne schrieb aus privaten Gefühlen heraus, Bacon sah sich als Erzieher der Menschheit. Subjektives und objektives Motiv zur zur Vermittlung von Ideen sind ganz unterschiedlich.

Es ist interessant festzustellen, dass Montaignes „Über die Freundschaft" im zweiten Buch seiner Essays erschien, das zusammen mit dem ersten Buch 1580 veröffentlicht wurde, und sein Essay „Über dreierlei Umgang" im dritten Buch steht, das 1588 herauskam. Zum Thema Freundschaft ist er im Letzteren nicht ganz so exklusiv, wie er sich im Ersteren dargestellt hatte. Er bedauert sogar, dass er nicht dafür gemacht sei, leicht Bekanntschaft mit allen Arten und Ständen von Menschen zu schließen, einschließlich der Zimmerleute und Gärtner auf seinem Landsitz. Er beneidet jene, die mit ihnen ein lockeres Gespräch beginnen können.[96]

Nachdem er zugestanden hat, dass sein zurückhaltendes Benehmen in Gesellschaft ihm viele Sympathien gekostet haben könnte, behauptet Montaigne dennoch: „Außergewöhnliche, erlesne Freundschaften zu schließen und zu bewahren bin ich jedoch sehr wohl fähig. Geradezu heißhungrig greife ich ich nach Bekanntschaften, die meinem Geschmack entsprechen, und gehe dann so aus mir heraus und stürze mich so gierig auf sie, daß es mir kaum je fehlschlägt, mich an sie zu heften und da einzudringen, wo ich andringe. Diese glückliche Erfahrung hab ich schon oft gemacht." In Anspielung auf seine große Freundschaft mit Étienne de la Boétie in jüngeren Jahren meint Montaigne, er habe gelernt, dass Freundschaft „ein geselliges, aber kein Herdentier" sei (und zitiert dabei Plutarch), und er könne jene unvollkommenen und alltäglichen Freundschaften nicht ertragen, die entstehen, wenn beide Seiten sich nicht uneingeschränkt dem anderen zuwenden.[97]

Wenn er sich selbst kritisiert, er eigne sich nicht für oberflächliche Bekanntschaften, kritisiert Montaigne zugleich Platon, der gesagt hatte, ein Herr müsse immer als Herr sprechen und dürfe mit seinen Dienern niemals vertraulich umgehen. Montaignes ehrenwerter Grund: Es sei „ungerecht und menschenunwürdig, wenn man seinen bloß einer Schicksalslaune entsprungnen Vorrang derart herauskehrt".[98] Hier geht es weder um Freundschaft noch um *noblesse oblige*, es geht um die großartige und doch einfache Sache Menschlichkeit. Hier zeichnet sich eine Unterscheidung ab zwischen dem Bedürfnis, allen anderen wohlgesinnt zu sein – unserer Menschlichkeit ihnen gegenüber –, und den besonderen Bedürfnissen, die wir bei Freunden haben. In diesem zweiten Essay beschreibt Montaigne diese Bedürfnisse in weniger anspruchsvollen Kategorien, als Aristoteles oder seine eifrigeren Anhänger gutheißen würden.

Die weitere Darstellung Montaignes ist nüchtern, auch wenn er mit einer scheinbar eher anspruchsvollen Forderung beginnt. „Die Männer, deren Gesellschaft und nähere Bekanntschaft ich suche, sind jene, die man als wohlgeartet und lebenstüchtig bezeichnet. Ihr Vorbild verleidet mir den Geschmack an den anderen. Genaugenommen verkörpern sie die seltenste Menschenart – eine Art, die sich im wesentlichen der Natur verdankt."[99] Natur, sagt er, und also nicht Erziehung, doch wir sollten hier festhalten, dass „Wohlgeartet-Sein" kein Geschenk der Natur ist. Es gibt liebenswürdige und edle Menschen, die wir „natürlichen Adel" nennen könnten, doch das ist etwas anderes; Montaigne hätte sie unter seinen Gärtnern finden können, und diese sitzen in seiner Darstellung nicht neben ihm in seiner Bibliothek am Kamin.

„Beim Umgang mit solchen Männern", setzt er fort, „geht es einfach um Vertraulichkeit, Geselligkeit und Meinungsaustausch, kurz: um seelisch-geistige Betätigung als Selbstzweck. In unsern Gesprächen ist mir jedes Thema recht, und es kümmert mich kaum, ob es den Worten an Gewicht und Tiefe fehlt, denn an Trefflichkeit und Anmut fehlt es ihnen nie."[100] Einen derartigen Umgang macht angenehm, dass sich hier reife Urteilskraft mit „Offenheit und Frohsinn, Wohlwollen und freundschaftliche Zuneigung" verbindet. Es könnte schwierig werden herauszufinden, inwiefern es eine unwichtige Sache ist, ob talentierte und außergewöhnliche Gesprächspartner ihre Themen ohne „Gewicht und Tiefe" diskutieren, doch die Formulierung ist irreführend. Weiter oben hat Montaigne über Pedanten gesprochen, die ihre Interessen hinter langen Phrasen und intellektuellen Eitelkeiten verbergen.[101] Dort meint er, man könne bei solchen Gesprächen nur etwas lernen, „falls sie sich nicht (wie zumeist) aufdringlich belehrend und herrisch" benehmen, „sondern einfügsam und ihrerseits lernwillig. Mit unserm Meinungsaustausch suchen wir uns nur die Zeit zu vertreiben." Hier geht es darum, dass der Wert von Gesprächen mit Menschen, die aufgrund ihrer persönlichen Qualitäten ausgewählt wurden, durch Letztere gewährleistet wird: „Eine von Geburt wohlgebildete und im Umgang mit Menschen erfahrne Seele macht sich von selbst rundum liebenswert. Kunst ist nichts anderes als das aufgeschlagne Buch dessen, was solche Seelen hervorgebracht haben."[102]

Als Beschreibung dessen, was Freunde sein sollten und was Freundschaft bringt, ist dies eine bescheidenere Darstellung als die berühmtere frühere, zu der wir gleich kommen. Das liegt vermutlich daran, dass Montaigne nicht erwartet, eine solche Freundschaft noch einmal zu erleben. Deshalb begnügt er sich mit einer Norm, die dennoch gut ist – in diesem Fall vertreibt das Bessere das Gute nicht. Der nicht weiter hervorgehobene zentrale Punkt ist derselbe wie bei Plutarch: Wähle deine

Freunde gut, und der Nutzen der Freundschaft wird folgen: offensichtlich, doch deshalb nicht weniger überzeugend. Trotzdem endet die Erörterung mit einer melancholischen Note. Die drei Arten von Beziehungen zwischen Menschen aus dem Titel des Essays sind Freundschaften zu Menschen, sexuelle Beziehungen zu Frauen („In der Liebe … kann man einiges ohne geistige, nichts aber ohne körperliche Anziehungskraft zuwege bringen") und die Liebe zu den Büchern. Freundschaften haben „das Ärgernis der Seltenheit", Liebesbeziehungen „lässt das Alter welken", die wahre dauerhafte und tröstliche Beziehung ist die zu den eigenen Büchern.[103] Es folgt eine bezaubernde Darstellung seiner Bibliothek und ihrer Freuden.

„Über die Freundschaft" ist eine ganz andere, leidenschaftlichere Arbeit. Ursprünglich wurde sie verfasst als Vorwort zu Étienne de la Boéties Abhandlung über die freiwillige Knechtschaft (oder Gegen Alleinherrschaft). Montaigne wollte sie herausgeben, doch sie erschien anderswo, bevor er dies tun konnte. Die Hugenotten benützten sie in ihrem Überlebenskampf in den religiösen Kriegen, die Frankreich in Atem hielten. Obwohl er sehr mit dem Gedanken eines religiösen Friedens sympathisierte, wollte Montaigne – selbst nach außen hin ein treuer Katholik, nach innen eher ein Skeptiker – nicht in den Streit hineingezogen werden. Schließlich veröffentlichte er den Essay als Vorwort zu einer Reihe von Étiennes Gedichten.

Die Abhandlung unternimmt zweierlei: Sie zeigt, wie Tyrannen an die Macht kommen und dort bleiben, und sie behauptet, dass die Macht in den Händen der Menschen liegt, die sie sich ohne Gewalt nehmen können, wenn sie wollen. Wie der Titel anklingen lässt, glaubte Étienne de la Boétie, dass die Untertanen eines Tyrannen mehr dafür verantwortlich sind, wenn sie in Knechtschaft leben, als der Tyrann selbst. In der Zeit und ihrem Kontext hatte die Schrift aufrührerisches Potenzial, und die Hugenotten nützten sie als Propaganda für ihre Zwecke. De la Boéthie selbst war Katholik, doch in seiner Arbeit als Gerichtsrat in Bordeaux kämpfte er unablässig für den Frieden zwischen den religiösen Lagern. In seiner Rechtsprechung hatte er Kirchen zugeordnet und dort, wo es im Dorf nur eine Kirche gab, verschiedene Zeiten für die Andachten der einzelnen Glaubensrichtungen festgelegt. Als das Toleranzedikt für die Hugenotten 1571 erlassen wurde, hieß er es freudig willkommen.

Étienne de la Boéties Zeit auf Erden war begrenzt: Er erkrankte und starb bereits mit 33 Jahren, sodass Montaigne sich an der tiefen und wunderbaren Freundschaft nur vier Jahre lang erfreuen konnte. Er war zwei Jahre jünger, hatte ebenfalls der Stadt gedient und beide wussten voneinander lange, bevor sie sich trafen. Montaigne hatte das Traktat über die freiwillige Knechtschaft gelesen und sehr gutgeheißen, als es im Manuskript unter „verständigen Leuten" zirkulierte.[104] Als sie einander begegneten, schien es, als sei ihre Freundschaft vorbestimmt, so unwiderstehlich und unmittelbar waren Anziehungskraft und gegenseitiges Verstehen. „Bei der ersten Begegnung, die zufällig auf einer großen städtischen Feier und Geselligkeit erfolgte, fühlten wir uns so zueinander hingezogen, ja so miteinander bekannt und verbunden, daß wir von Stund an ein Herz und eine Seele waren."

Trotz der Übereinstimmung von Interessen und Ansichten und der Vorbereitung ihrer Freundschaft dadurch, dass sie lange vor ihrem Treffen voneinander wussten – und guthießen, was sie wussten –, konnte Montaigne nur sagen: „Wenn man in mich dringt zu sagen, warum ich Étienne de la Boétie liebte, fühle ich, daß nur eine Antwort dies ausdrücken kann: ‚Weil er er war, weil ich ich war.'" Über diese Freundschaft sagt er:

> *„Die unsere hatte kein anderes Vorbild als sich selber, nur an sich selber ließ sie sich messen. Es war nicht ein bestimmter Beweggrund, auch nicht zwei, nicht drei, nicht vier und nicht tausend, sondern was weiß ich welche Quintessenz aus allem, die meinen ganzen Willen ergriff und mitriß, um sich in seinen zu versenken und darin zu verlieren; die seinen ganzen Willen ergriff und mitriß, um sich in meinen zu versenken und darin zu verlieren: mit gleichem Wetteifer, mit gleichem Hunger. Ich sage* verlieren, *denn wir behielten wahrhaftig nichts, was uns noch gehört hätte, nichts, was entweder sein oder mein gewesen wäre."*[105]

Diese schöne und beredte Schilderung des psychischen Zustandes, in den sie beide verfielen, kommt dem „anderes Selbst"-Ideal so nahe wie nur irgend möglich. Montaigne behauptet, er sei sich der Absichten und Meinungen seines geliebten Freundes vollkommen sicher gewesen und habe die Beweggründe jeder seiner Handlungen verstehen können. „Unsre Seelen sind derart einträchtig im Gespann gegangen und haben sich mit derart glühender Liebe wechselseitig durchdrungen, mit derart glühender Liebe bis ins innerste Innere hinein wechselseitig offenbart, daß ich nicht nur seine wie die meine kannte, sondern mich sogar bereitwilliger ihm anvertraut hätte als mir selbst."

Montaigne war überzeugt, dass eine gewöhnliche Freundschaft mit dieser nicht vergleichbar wäre. Normale Freundschaften leben von gegenseitiger Hilfe und Liebenswürdigkeit, doch bei einer solchen vollständigen Vereinigung sind derartige Überlegungen unwichtig. Denn genauso, wie man nicht sagen kann, man sei sich selbst dankbar für Dienste, die man sich selbst geleistet habe, oder man sich selbst dafür mehr lieben könnte, so gab es auch nichts zwischen la Boéthie und ihm, was auf Trennung und Differenz hingewiesen hätte. Begriffe wie „*Wohltat, Schuldigkeit* und *Erkenntlichkeit*, wie *Bitte* und *Dank*" waren einfach nicht anwendbar.[106]

In Vorbereitung auf seine Beschreibung einer „vollkommenen Freundschaft" stellt Montaigne jene Arten von engen Beziehungen zusammen, von denen man glauben könnte, sie kämen ihr nahe. Vor allem sei es für Menschen natürlich, die Gesellschaft anderer zu suchen. Deshalb sagt Aristoteles, ein Politiker sei weniger an Gerechtigkeit interessiert als an der Pflege freundschaftlicher Beziehungen, denn in einer perfekten Gesellschaft sind alle miteinander freundschaftlich verbunden. Doch muss Freundschaft für sich selbst bestehen, denn Beziehungen, die auf Lust, Profit oder einem anderen Vorteil beruhen, sind weniger edel und gut – und weil sie weniger sind, sind sie überhaupt keine echte Freundschaft.

Einige könnten meinen, Familienbande seien vergleichbar zur höchsten Form von Freundschaft, sagt Montaigne, aber er ist nicht dieser Ansicht. Die Gefühle eines Kindes für seine Eltern beruhen auf Respekt und können keine Freundschaft sein, denn Freundschaft wächst aus „vertraulichem Umgang" zwischen Menschen, die gleich von Rang, Alter und Bildung sind – was bei einer Eltern-Kind-Beziehung natürlich fehlt. Eltern können ihren Kindern nicht ihre innersten Gedanken anvertrauen, und Kinder können ihre Eltern nicht ermahnen, doch die Ermahnung, sagt Montaigne, gehört zu den ersten Pflichten einer Freundschaft. Familiäre Beziehungen schließen daher Freundschaft noch eindeutiger aus.

Dasselbe gilt für Geschwister, denn obwohl „Bruder ein schöner Name“ ist, „voller Innigkeit“, gibt es zahlreiche Gründe (Erbschaft, Rivalität, Konflikte), die dazu beitragen, die Bindung zu schwächen oder zu zerstören. Es gibt ohnehin keinen offensichtlichen Grund, warum Ähnlichkeit und Harmonie, die für die beste Art von Freundschaft erforderlich sind, zwischen Brüdern bestehen muss. Oft kommt es vor, dass Geschwister und Eltern sehr unterschiedlich sind und miteinander deshalb nicht auskommen.

Und dann ist da noch die Tatsache, dass Familienbande zwangsläufig auferlegt sind. Man kann sie nicht frei wählen, sie ergeben sich zufällig. „Nichts hingegen ist so voll und ganz das Werk unsres freien Willens wie Zuneigung und Freundschaft.“[107]

Montaigne glaubt nicht, dass es Freundschaft zwischen Männern und Frauen geben kann. Die Beziehung zwischen den Geschlechtern zielt auf den „Körper“ und unterliegt der „Sättigung“, während Freundschaft durch Genuss vermehrt wird, nicht befriedigt, denn sie ist keine physische, sondern eine spirituelle Sache. Er neigt deshalb auch dazu, homosexuelle Beziehungen zu missbilligen, die „unzüchtige Freundesliebe der Griechen“, doch gibt er zu, dass die Beziehung zwischen einem Mann und einem Jungen heilsam sein könne, wenn sie zwischen edlen Herzen besteht. Ersterer kann Letzterem vieles geben:

> *„philosophische Lehrstunden sowie Unterweisungen zur Götterverehrung, zur Einhaltung der Gesetze und zum Sterben für das Wohl des Vaterlands anhand großer Beispiele von Weisheit, Gerechtigkeitssinn und Tapferkeit. Da Anziehungskraft und Schönheit seines Körpers längst dahingewelkt waren, suchte der Liebhaber sich durch die seiner Seele begehrenswert zu machen – in der Hoffnung, dank dieser Bemühung, sich geistig auf einander einzustimmen, ein desto festeres und dauerhafteres Band knüpfen zu können“.*[108]

Die beiden Teile der Darstellung kann man getrennt betrachten. Einerseits ist das, was Montaigne über seine Freundschaft mit Étienne de la Boétie sagt, die beste Beschreibung dessen, was es heißt, wenn ein Freund ein „anderes Selbst" ist. Auf der anderen Seite kann man seine übrigen Ausführungen wenig gelten lassen. Es ist keineswegs klar, dass die beste und höchste Art der Freundschaft nicht über Geschlechtergrenzen hinweg möglich ist, auch nicht, dass die Bindung zwischen Brüdern nicht dieses Stadium erreichen kann, und auch nicht, dass Kinder nicht Freunde ihrer Eltern werden können, wenn sie erwachsen sind. Freundschaft muss andere Beziehungen nicht ersetzen, Liebhaber und Geschwister können Freunde sein und trotzdem Liebhaber und Geschwister bleiben.

Unser gegenwärtiges Empfinden hält die päderastische Beziehung der Griechen nicht nur aus offensichtlichen Gründen für fragwürdig. Wollen wir wirklich „Lehrstunden zur Götterverehrung" und Ermutigung zum „Sterben für das Wohl des Vaterlands"? Wollen wir wirklich unbedingte „Einhaltung der Gesetze", auch dann, wenn es Gründe gibt, einige Gesetze durch bessere zu ersetzen?

Die beiden Teile von Montaignes Darstellung getrennt zu betrachten bedeutet, dass man seine Art von Freundschaft mit Étienne de la Boétie schätzen kann, ohne andere Beziehungsarten abzuwerten. Dieser Gedanke hat eine wichtige Konsequenz: Wir brauchen eine Vielfalt von Beziehungen, nicht nur Freundschaften, und nicht alle unsere Freundschaften müssen von höchstmöglicher Qualität und Intensität sein, um ein erfülltes menschliches Leben zu leben. Montaigne hat die unmittelbare Zuneigung, die er und sein Freund füreinander empfanden, als unerklärlich beschrieben. Doch steht ebenso fest, dass alle Beziehungen auf vorangegangenen Erfahrungen gründen und diese eine Erklärung bieten könnten. Wenn dem so ist, gehören dazu auch jene Beziehungen, die er weniger günstig beurteilt als die Beziehung, die durch sie möglich wurde.

Bacon meint, dass derjenige eine Menge Wahrheit und Unwahrheit in wenige Worte packt, der behauptet, wer immer sein Vergnügen an der Einsamkeit finde, müsse entweder ein Gott oder ein wildes Tier sein.

Jemand, der sich von der Gesellschaft abwendet, hat tatsächlich etwas von einem wilden Tier an sich, doch gibt es auch jene, die Einsamkeit zur Meditation oder zur Arbeit an sich selbst suchen – und das sind keine Götter. Bacon zählt dazu einige Philosophen und Eremiten der Kirche auf, doch diesen geht es nicht um wirkliche Einsamkeit, bloß weil sie sich nicht in Gesellschaft anderer befinden. Echte Einsamkeit erfahren jene, die keine Freunde haben – für sie ist die Welt eine Wildnis.[109]

Man könnte hier anmerken, dass Bacon mit „echter Einsamkeit" Alleinsein meint, und zwar im Sinn von Verlassenheit. Dies erinnert uns daran, dass wir unterscheiden müssen zwischen wohlverstandener Einsamkeit, im Allgemeinen der willkommenen physischen Abwesenheit von anderen, und Verlassenheit, der unwillkommenen psychologischen Abwesenheit von anderen (man kann in einer Menge sehr verlassen sein). In diesem Sinn ist Einsamkeit etwas Gutes, manchmal braucht man sie dringend, und Verlassenheit ist immer etwas Schlechtes für im Grunde soziale Wesen wie Menschen. Bacons „echte Einsamkeit" muss man als Verlassenheit verstehen – jene Einsamkeit, die die Welt zur Wildnis macht.

„Der hauptsächliche Segen der Freundschaft", sagt Bacon, „ist die Erquickung, sein Herz von Bangigkeit und Kummer entladen zu können, die durch Leidenschaften aller Art verursacht werden." Die einzige Medizin für ein bedrücktes Herz ist ein Freund, dem man „seine Leiden und Freuden, Ängste und Hoffnungen, seine Sorgen und Geheimnisse und alles, was sonst noch das Herz bedrückt, gleichsam wie in einer Art von weltlicher Beichte bekennen kann."[110] Und er beobachtet sogar bei großen Monarchen, wie sie – verbunden mit einigem Risiko für die eigene Sicherheit – bemüht sind, „Günstlinge" oder „Vertraute" zu haben, denen die Römer den sprechenden Namen *participes curarum* gaben – Teilhaber der Sorgen. Er zählt Beispiele großer Römer auf, die trotz ihrer weitläufigen Familien den „Trost der Freundschaft" nicht hätten ohne jemanden, zu dem sie sich hingezogen fühlten und den sie dafür auswählten.[111] All das beweist, sagt er, die Wahrheit der These, dass jene ohne Freunde Kannibalen ihres eigenen Herzens seien, weil sie sich nicht von dem befreien können, was sie belastet.

Daher, meint Bacon, ist die erste große Frucht der Freundschaft ihr emotionaler Nutzen bei Freude und Kummer. Erstere ist größer und dauert länger, wenn wir sie einem Freund mitteilen, die Last des Letzteren wird leichter, wenn man ihn einem mitfühlenden Ohr anvertraut.

Die zweite Frucht ist ebenso gesund für den Geist wie die erste für die Gefühle. „Denn Freundschaft macht im Herzen wieder schön Wetter nach Stürmen und Ungewittern und bringt Tageshelle in den Verstand nach Dunkelheit und Verworrenheit der Gedanken." Indem jemand seine Ideen bespricht, Gedanken ordnet, in Worte fasst und mitteilt, wendet er „seine Gedanken leichter hin und her, ordnet sie klarer, sieht, wie sie sich ausnehmen, wenn sie in Worte gekleidet sind, und wird schließlich klüger, als er war, und zwar mehr durch eine Unterredung von einer einzigen Stunde als durch Nachdenken von einem ganzen Tag".[112] Wie wahr.

Doch ist dies der geringere Nutzen dieser Frucht der Freundschaft, der größere ist kluger Rat von jemandem, der in deinem Interesse denkt und dir zugeneigt ist. „Demzufolge ist zwischen dem Rat eines Freundes und dem, was man sich selbst sagt, ein ebenso großer Unterschied, wie zwischen dem Rat eines Freundes und dem eines Schmeichlers. Denn es gibt gar keinen größeren Schmeichler als das eigene Ich und kein besseres Mittel gegen Selbstbeweihräucherung als die Offenheit eines Freundes."[113] Wir mögen uns selbst Vorhaltungen machen, wir mögen Bücher über gute Sitten lesen, um uns zu verbessern, doch nichts gleicht der Ermahnung von jemandem, von dem wir wissen, dass er sich für uns interessiert und helfen möchte.

Die erste Frucht der Freundschaft ist also „Ruhe des Gemüts und verstandesmäßige Förderung", die zweite ist „Beistand und Anteilnahme". Letztere ist eine Hilfe, die Freunde einander in vielen verschiedenen Arten und Zusammenhängen geben, gleich „dem mit vielen Kernen gefüllten Granatapfel".[114] Es greife viel zu kurz, versichert Bacon, wenn man den Alten zustimme, dass ein Freund ein anderes Selbst sei, denn ein Freund sei viel mehr als man selbst. Wenn ein Mann Kinder hat und stirbt und sie der Obhut eines Freundes anvertraut, dann ist es, als lebe er in dem Freund fort und erfülle seine Verpflichtungen gegenüber seinen

Kindern. Ist er an einem Ort festgehalten und müsste etwas woandershin bringen und ein Freund übernimmt das für ihn, dann hat er sozusagen zwei Körper. Und so weiter: Ein Freund ist mehr als ein anderes Selbst, weil Freunde einen durch ihre Hilfe in verschiedene Selbste vervielfachen.

Doch da ist noch mehr. Wie kann ein Mann über seine eigenen Verdienste sprechen? Sie würden „ohne Schamröte nicht von den eigenen Lippen fallen", doch aus dem Mund eines Freundes würden sie taktvoll klingen. Außerdem kann ein Mann zu seinem Sohn nur als Vater, zu seiner Frau nur als Ehemann sprechen, doch ein Freund kann mit ihnen reden, wie es die Situation verlangt. „Jedoch die Aufzählung der Beispiele würde ins Unendliche gehen; der von mir aufgestellte Satz besagt nur, daß, wer seine Rolle auf der Bühne in eigener Person nicht spielen kann, besser täte abzutreten, falls er keinen Freund besitzt."[115]

In diesen Beobachtungen stecken alle Vorzüge des gesunden Menschenverstandes und viel Wahres. Besonders bemerkenswert ist an ihnen im Vergleich zu allem, was wir auf den vorangegangenen Seiten gesehen haben, ihr Pragmatismus, die Abwesenheit hochfliegender Gefühle oder Idealisierungen. Und doch beschreiben sie treffend, wie Freundschaft das Leben bereichert, indem sie kurz und bündig erklären, wie das kommt. Vielleicht schrieb Bacon so, weil er an der Wende zum Zeitalter der Wissenschaft lebte, einem Wandel, zu dem er selbst beitrug.

Wenn man aus den verschiedenen bisher verwendeten Quellen die beste Darstellung von Freundschaft wählen müsste, würde sich eine Verbindung aus Bacon und einem enttheologisierten Augustinus besonders empfehlen. Sie haben die Praxisnähe und die Reife von Denkern, die ebenso gelebt haben wie über das Leben nachgedacht. In ihren Ansichten findet man Erfahrung und Wahrheit.

Kapitel 6

Von der Aufklärung zurück zur römischen Republik

Je mehr historische Abschnitte, desto mehr Etiketten: Doch wie zuvor erfassen diese etwas Bestimmtes, denn die Aufklärung und ihre Gegenbewegungen bergen ihre eigenen Persönlichkeiten, die wesentlichen Einfluss auf die Geschichte hatten.

In der Aufklärung würden wir neue Elemente im Denken über Freundschaft erwarten, und wir finden sie auch. Sie erklären sich aus dem Wandel, den zwei große Entwicklungen mit sich brachten. Erstens strebten die Leitfiguren der Aufklärung – Denker und Schriftsteller, die ihr neues Empfinden formulierten, wie Diderot, Voltaire, Hume, Kant und andere – danach, Vorstellungen und Methoden der Naturwissenschaften, die im vorangegangenen Jahrhundert so große Fortschritte gemacht hatten, auf Themen der Gesellschaft und des menschlichen Lebens anzuwenden. Die Methode wird gebildet durch einen empirischen Untersuchungsansatz unter Einschluss von Beobachtung und Überprüfung der Ergebnisse sowie druch eine Disziplin der Argumentation, gewonnen aus „rationalistischen" Elementen, die besagen, dass letzte Wahrheiten nur durch A-priori-Elemente bestätigt werden können. Dementsprechend wird ein neuer „Regierender" als Autorität über unseren Verstand und unsere Handlungen gesetzt – anstelle von Tradition, Dogma, göttlichem Recht der Könige, Offenbarung, alten Schriften, Frömmigkeit und allem anderen, was nicht empirisch gewonnen oder getestet werden oder eine unabhängige Prüfung durch die Vernunft nicht überstehen kann.

Der zweite Aspekt schließt an den ersten an. Bisher hatten die meisten Menschen unter der falschen Annahme gelebt (und tun es leider bis heute), dass es eine große Wahrheit für alles gebe, nur eine einzige richtige Antwort auf die Frage, wie wir leben sollten, und dass die Mächtigen wissen, wie sie lautet. Jedermann muss sie annehmen, sich anpassen und gehorchen. Die längste Zeit in der Geschichte zog ein Mangel an Zustimmung und Gehorsam schwerste Strafen nach sich, wobei die Todesstrafe nicht die schwerste war: Die kirchlichen Mächte auf Erden konnten durch Exkommunikation verhindern, dass man in den Himmel kam – außerhalb der Kirche gab es keine Erlösung. Die Aufklärung hingegen wies darauf hin, dass es in der menschlichen Natur, unter den menschlichen Begabungen große Vielfalt und Pluralität gibt, sie zeigte, dass es auf viele verschiedene Arten möglich ist, ein gutes Leben zu führen.

Die Freiheit, sich gemäß den eigenen Talenten zu entscheiden, ist in der Tat eine Vorbedingung für ein gutes Leben. Sie setzt wiederum die Freiheit im Denken und Handeln voraus. Daher auch Kants berühmtes Diktum über die Aufklärung, das beide Entwicklungen umfasst: „Aufklärung ist der Ausgang des Menschen aus seiner selbstverschuldeten Unmündigkeit. Unmündigkeit ist das Unvermögen, sich seines Verstandes ohne Leitung eines anderen zu bedienen. Selbstverschuldet ist diese Unmündigkeit, wenn die Ursache derselben nicht am Mangel des Verstandes, sondern der Entschließung und des Muthes liegt, sich seiner ohne Leitung eines anderen zu bedienen. *Sapere aude!* Habe Muth, dich deines eigenen Verstandes zu bedienen! ist also der Wahlspruch der Aufklärung. ... Zu dieser Aufklärung aber wird nichts erfordert als Freiheit; und zwar die unschädlichste unter allem, was nur Freiheit heißen mag, nämlich die: von seiner Vernunft in allen Stücken öffentlichen Gebrauch zu machen. Nun höre ich aber von allen Seiten rufen: räsonnirt nicht! Der Offizier sagt: räsonnirt nicht, sondern exercirt! Der Finanzrath: räsonnirt nicht, sondern bezahlt! Der Geistliche: räsonnirt nicht, sondern glaubt! ... Hier ist überall Einschränkung der Freiheit. ... Ich antworte: der öffentliche Gebrauch seiner Vernunft muß jederzeit frei sein, und der allein kann Aufklärung unter Menschen zu Stande bringen."[116]

Kants Ansichten über Freundschaft entwickelten sich mit seiner Philosophie weiter. In seinen frühen Vorlesungen zur Ethik (die aus gedruckten Versionen der Mitschriften seiner Studenten bestehen) betrachtete er es als problematisch, Freundschaft als etwas zu definieren, das aus einem Interesse am Glück anderer und aus allgemeiner Menschenliebe entsteht, wie es die Moral von uns verlangt. Denn die „Anthropologie" (also die Beobachtung der menschlichen Natur) lässt nicht erkennen, dass Menschen von Natur aus zu „Freundschaft" und „großmütiger Wechselliebe" neigen.

Die oberste Handlungsmotivation ist Selbstliebe im Sinn eines übergeordneten Interesses am eigenen Glück. Hier scheint es einen Konflikt zu geben, doch Kant sagt, echte Freundschaft löse diesen durch ihre Gegenseitigkeit. Jeder wird am Glück des anderen interessiert sein, jeder wird das Wohl des anderen unterstützen: „Alsdann würde jedes Glück durch die Großmut des anderen befördert. Dieses ist die Idee der Freundschaft, wo die Selbstliebe verschlungen ist in der Idee der großmütigen Wechselliebe."[117]

Das ist eine Idealisierung. In der Praxis kann man sich nicht immer darauf verlassen, dass die Vernachlässigung der eigenen Interessen durch die anderen in dem Umfang kompensiert wird, wie man sich deren Interessen widmet. Das Ideal besagt, dass es so sein sollte, und das Ideal ist wahr und notwendig, es ist das, was wir vom moralischen Standpunkt aus tun sollten, auch wenn vom „natürlichen" Standpunkt her angenommen werden muss, dass wir es nicht tun werden. Doch wir postulieren das Ideal uns selbst gegenüber, weil es für uns den Wert der Menschheit ausmacht. Hier kündigt sich eine Beobachtung an, die in der „kritischen Philosophie" von Kants späteren Werken ausgeführt wird: dass wir von bestimmten Vorstellungen ausgehen *müssen*, um einen Schlüsselbereich des Denkens anzusprechen. Wir *müssen* zum Beispiel davon ausgehen, dass wir einen metaphysisch freien Willen haben, auch wenn unser empirischer Wille in einem Netz von Kausalität gefangen ist, sonst hätten moralische Handlungsweise und Verantwortung für uns keinen Sinn. Die Idee der unerreichbaren „Idee" von Freundschaft als umfassender Gegenseitigkeit der Interessen, die über das Eigeninteresse triumphiert, hat eine vergleichbare Funktion.

In diesen frühen Gedanken über Freundschaft folgt Kant der aristotelischen Einteilung der Freundschaften, die entweder auf einem Bedürfnis, auf Geschmack oder Einstellung beruhen. Bei der ersten Art müssen beide Seiten das Vertrauen haben, dass der andere „im Stande wäre, meine Angelegenheiten zu besorgen". Die zweite Art beruht auf gegenseitigem Vergnügen und findet normalerweise ihren Ausdruck in Höflichkeit und guten Manieren. Zudem ist es wahrscheinlich, dass beide Seiten eher durch ihre Unterschiede als durch ihre Ähnlichkeiten angezogen werden.

Die dritte Art von Freundschaft ist die höchste, denn sie besteht aus „aufrichtiger, reiner Gesinnung" des einen gegenüber dem anderen. Sie stützt sich auf freie und offenherzige Verbundenheit, Selbstenthüllung und Anerkennung. Jeder hat daher einen Freund, „dem er sich eröffnen kann, gegen den er nichts verhehlen kann und darf, dem er sich völlig kommunizieren kann".[118]

In den späteren Vorlesungen zur Ethik fügt Kant die Idee hinzu, dass eine Freundschaft Gleichheit in fast allen Belangen voraussetzt, denn ohne sie entsteht der Eindruck, dass ein Ranghöherer dem Unterlegenen mit der Freundschaft einen Gefallen tut. Nur unter einem Aspekt ist Gleichheit nicht erforderlich, das ist der Grad, in dem man anderen gegenüber wohlwollende Liebe empfindet. Diese muss nicht erwidert werden, denn wäre Erwiderung nötig, könnte niemand der Menschheit als Ganzer gegenüber wohlwollend empfinden. Wenn jedoch Wohlwollen von einer anderen Person erwidert wird, verwandelt sich die Beziehung in Freundschaft – das ist *amor bilateralis.*

Kants fertige Theorie der Freundschaft findet sich in seiner *Metaphysik der Sitten.* Seine Definition von Freundschaft ist „Vereinigung zweier Personen durch gleiche wechselseitige Liebe und Achtung". Liebe und Achtung haben dabei verschiedene Aufgaben: Liebe sorgt für gegenseitige Anziehung, Achtung für Abstoßung, denn von Natur aus besteht eine angemessene Distanz, „welche Einschränkung der Vertraulichkeit, durch die Regel: daß auch die besten Freunde sich unter einander nicht gemein machen sollen, ausgedrückt" wird. Aus diesem Grund ist echte

Freundschaft schwer zu erreichen. Kant zitiert Aristoteles' Bemerkung, die denselben Punkt untermauern soll: „Meine lieben Freunde, es gibt keinen Freund!“ Doch „moralisch erwogen ist es freilich Pflicht“, eine solche Freundschaft anzustreben.

Ganz allgemein fußt Kants Ethik auf der Feststellung, dass Pflicht – nicht Neigung oder Zuneigung oder Gefühl – die einzige Basis für alles wirklich Moralische ist. Im Einklang mit dieser strengen Sittenlehre sagt er, dass Gefühle nicht der Grund für Freundschaft sein können, auch wenn sie sie versüßen, denn sie sind zu leicht zerstörbar. Wechselseitige Liebe und Achtung müssen als „Anziehung“ und „Abstoßung“ betrachtet werden, wobei „das Prinzip der ersten Annäherung gebietet, das der zweiten sich einander in geziemendem Abstand zu halten fordert“.[119] Diese Voraussetzung bestimmt sogar, wie weit Freunde bei der gegenseitigen Offenlegung ihrer vertraulichen Gedanken und Gefühle gehen sollen.

„Wahre Freundschaft“ – unser „No true Scotsman“ ist wieder da – trägt hier einen sehr steifen Kragen, so wie Kants unbeugsame Ethik der Pflicht. An anderer Stelle meint er, es sei nicht moralisch, wenn man aus Zuneigung oder Freundlichkeit mit seinen Kindern spiele, sondern nur, wenn man dies aus elterlicher Pflicht tue. Das sind keine sympathischen Ansichten. Manche haben die Ursache dafür im strengen pietistischen Glauben gesehen, in dem Kant erzogen wurde, obwohl er als Erwachsener kein praktizierender Pietist (oder sonstwie praktizierender Christ) war. Möglicherweise hat ein Sinn für unnachgiebige Pflicht überdauert. Wahrscheinlicher ist, dass Kant mit zwei fundamentalen Grundsätzen in David Humes Philosophie nicht einverstanden war. Der eine ist, dass nur Gefühle Handlungen auslösen können, der andere, dass unsere moralischen Werte aus unseren emotionalen Reaktionen kommen, nicht aus einer objektiven Quelle außerhalb von uns selbst.

Zum ersten Punkt dachte Hume, dass wir niemals handeln würden, wenn unsere „Leidenschaften“ (unsere Gefühle) uns nicht dazu treiben würden, weil kein Grund für eine Handlung je zwingend genug wäre, den entgegenstehenden Grund, es nicht zu tun, zu überwinden. Wenn wir uns auf unsere Vernunft verlassen, um uns zu motivieren, finden wir uns in der Position von Buridans Esel, der, zwischen zwei Heuballen stehend, verhungert, weil er keinen besseren Grund findet, den einen statt des anderen zu fressen.[120]

Der zweite Punkt steht im Zusammenhang mit Humes Subjektivismus, was Moral betrifft. Es geht um die eigene Reaktion auf den Verlust eines Rechtssetzers, wie er durch religiöse Überlieferung in Form einer passenden Gottheit bereitgestellt wird. Wenn moralische Prinzipien und Regeln nicht vom Himmel kommen, was rechtfertigt dann die Aussage, dass wir ihnen folgen sollen? Humes optimistische Antwort ist, dass das dem Menschen innewohnende Wohlwollen uns mit Moralität ausstattet. Kant stimmte dem nicht zu und suchte die erforderliche Objektivität in der Herrschaft der Vernunft: Wie wir handeln sollen, wissen wir durch die Vernunft, die uns sagt, wozu jeder in einer bestimmten Lage verpflichtet ist.

Eine weniger anspruchsvolle Sicht auf die Arbeit der Vernunft beim Nachdenken über ein ethisches Gut wie Freundschaft würde die – fundamentale – Bedeutung der Emotionen im Leben erkennbar machen. Dies gilt nicht nur für die Rolle der Gefühle in unseren Beziehungen und dafür, unseren Erfahrungen Bedeutung, Farbe und Würze zu verleihen, sondern auch in der Vernunft: Die Psychologie zeigt, dass gefühllose Denker keine guten Denker sind.[121]

Die Aufklärung hat anderswo viel weniger strenge, viel menschlichere Darstellungen von Freundschaft hervorgebracht. Voltaires *Candide* könnte eine Satire auf Leibniz' Ansicht sein, dass diese die beste aller möglichen Welten sei, doch wird dort auch Freundschaften in verschiedenen Variationen gehuldigt, die Candide – von Natur wie vom Namen her – so gut schließt und aufrechterhält. Nach all ihren Abenteuern, in denen sie trotz Verschiedenheit und Schwierigkeiten zusammenhalten, pflegt die Freundesgruppe am Ende glücklich einen Garten in Istanbul. Es ist immer interessant zu untersuchen, ob die Schöpfer erdichteter guter Kameraden selbst solche waren, und der Gedanke kommt einem bei Voltaire. Manchmal verlieren Menschen wie Voltaire ebenso viele Freunde, wie sie gewinnen, weil sie einen allzu säuerlichen Witz haben, doch bei ihm gibt es Hinweise auf große Fähigkeiten auf diesem Gebiet: Seine Freundschaft mit Emilie du Châtelet war eine Zeitlang mehr als „nur" Freundschaft, doch dahinter stand grundsätzlich eine Begegnung von Ansichten und Interessen, eine intellektuelle Ebenbürtigkeit, stärker als alles andere, das sie verbinden konnte. Emilie war Mathematikerin und Physikerin und unter anderem bekannt für die französische Übersetzung von Newtons *Principia*.

Es gibt von Voltaire keine direktere Äußerung zur Freundschaft als sein Gedicht „Der Tempel der Freundschaft". Er malt sich einen einfachen kleinen Tempel in einem Wäldchen aus, gewidmet der Freundschaft, wo „Wahrheit, Einfachheit und Natur" regieren. Doch beten dort nur wenige, weil Heuchelei, Rivalität, Betrug, Egoismus, kleinliche Differenzen, die zu großen Trennungen führen, sowie Neid jede Möglichkeit der Menschen zerstören, den Preis der Freundschaft zu gewinnen. Freundschaft ist das Gegenteil dieser Dinge: Aufrichtigkeit, Zusammenarbeit, Vertrauen, Interesse für den Anderen, Toleranz, gegenseitige Bewunderung und Respekt. In seinem *Philosophischen Wörterbuch* schreibt Voltaire:

> *„Freundschaft ist die Ehe der Seele und diese Ehe ist der Scheidung unterworfen. Es ist ein stillschweigender Vertrag zwischen zwei empfindsamen und tugendhaften Personen. Ich sage ‚empfindsam', weil die Bösen nur Komplizen haben; Lüstlinge haben Begleiter in der Ausschweifung, Selbstsucher haben Partner, Politiker finden Anhänger; die meisten untätigen Menschen haben Begleitungen; Prinzen haben Höflinge; nur tugendhafte Menschen haben Freunde."*[122]

Voltaires Ansichten unterscheiden sich kaum von denen Ciceros (im Eintrag des *Philosophischen Wörterbuchs* weist er darauf hin, dass Cicero einen Freund hatte – Atticus –, was bedeutet, dass er ein tugendhafter Mann war). Von Aristoteles unterscheidet sich seine Sichtweise prinzipiell darin, dass sie Freundschaft nicht über die Möglichkeiten der meisten wenn nicht aller Menschen hinaus idealisiert. Die Freundschaft aus dem

Reich der Idealisierung herauszuholen, ist gut für sie – Kant tut dies wohl nicht.

Die Ansichten von Adam Smith lassen sich unter anderem dadurch erklären, dass man den Unterschied zwischen dem Kontext der klassischen Antike und der aufkommenden industriellen und kommerziellen Welt des 18. Jahrhunderts bei der Diskussion über Freundschaft berücksichtigt.[123] Für ihn liegen die Quellen zum Verständnis persönlicher Beziehungen prinzipiell in den Anforderungen sozialer Organisation. Ländliche Gesellschaften benötigen weitäufige Familien, um für die „gemeinsame Verteidigung" zusammenzubleiben, während in kommerziellen Gesellschaften das Recht noch das geringste Individuum im Staate schützt und Familien sich zerstreuen, weil jedes Mitglied Chancen für die eigenen Interessen und Talente sucht. Soziale Beziehungen sind daher freiwillig und Freundschaft entwickelt sich aus der dem Menschen angeborenen „Neigung zum Tausch, zum Tauschhandel und zum Umtausch einer Sache gegen eine andere".[124]

Eine ähnliche Idee gibt es bei Hume, der in einem Essay über die Geschäftswelt bemerkt, wie der Handel Märkte und Geschäfte ausweitet und damit auch den Umfang von Bekanntschaften und Freundschaften der Menschen.[125] Kommentatoren stellen sowohl bei Smith als auch bei Hume die Idee einer „coolen" Freundschaft fest – weder eine berechnende und gleichgültige Freundschaft noch eine intensive und persönliche Bindung, für die viele den Begriff „Liebe" im Sinn von Montaigne benützen, sondern etwas dazwischen –, eher wie die respektvolle Anhänglichkeit, der Kant Beifall spenden würde, wäre er weniger formalistisch.

Zwei Schlüsselbegriffe der Aufklärung bei Smith und Hume sind Fortschritt und Weltoffenheit, und besonders Letzterer hilft zum Teil, die Idee der „coolen" Freundschaft zu verstehen: In einer größeren und mannigfaltigeren Welt können die Interaktionen von Individuen, die nicht länger in engen Familienbanden und Gemeinschaftsbeziehungen eingebettet sind – im dörflichen Leben, wie Smith selbst es ausgedrückt hat –, leicht eine flüchtigere und oberflächliche Qualität haben. Ein anderer damit verbundener Teil der Erklärung besteht in der unpersönlichen Organisation von Märkten und der wachsenden Größe der Städte, in denen Beziehungen schwieriger werden.

Für Smith bedeutet das nicht, dass Freundschaften dazu verdammt sind, instrumenteller und utilitaristischer zu werden, und abhängiger davon sind, möglichst beides zu sein. Er dachte im Gegenteil, dass Freundschaften von Individuen, die dem verpflichtenden Netz von Beziehungen traditioneller Gesellschaften entkommen sind, offener und freier gewählt sind, mehr auf der Grundlage von Sympathie und gleichen Interessen als auf Notwendigkeit oder Verpflichtung. Wenn das der Ausgleich dafür ist, dass traditionelle Bindungen verloren gehen, die selbst nicht immer heilsam sind, dann sieht das nach einem guten Handel aus.

Smith dachte, dass die Wirtschaft einen positiven Effekt hat, sowohl auf die Menschen wie auch auf ihre Beziehungen. Sie werden dadurch vertrauenswürdiger und pünktlicher, zumindest in ihren Geschäftsbeziehungen, weil das in ihrem eigenen Interesse liegt. Doch machte er sich auch Sorgen darüber, ob sich die neuen, entwurzelten städtischen Erfahrungen und die neuen Muster des Arbeitslebens negativ auswirken, insbesondere auf die Moral und die Erziehung sowie auf die Beziehungen selbst. Er schrieb, ein Mensch könnte auch ohne Charakter in seinem Dorf leben, weil er dort laufend unter Beobachtung steht, sodass er auf sich aufpassen muss. „Sowie er aber in eine große Stadt kommt, versinkt er in Dunkelheit und Verborgenheit. Niemand achtet und merkt auf seine Aufführung, und er ist daher sehr in Versuchung, sich selbst zu vernachlässigen und sich aller Liederlichkeit und allem Laster zu ergeben.“[126] Als Gegenmittel schlug er vor: Die Leute sollten sich einer Kirche anschließen, sodass andere sie beobachten und unterstützen könnten. Dieses Rezept hat etwas trostlos Schottisches und Presbyterianisches, mit seinem pessimistischen Blick auf die menschliche Natur, die den einsamen Neuankömmling unvermeidlich in die Fänge des Lasters treibt.

Ein Mann nimmt die Rolle eines Freundes ein, meint Smith, wenn er aus edlen Beweggründen großzügig ist und deshalb jene eine hohe Meinung von ihm haben, die er gut behandelt. In Freundschaft und Harmonie mit der ganzen Menschheit zu stehen, weil man die positive Wertschätzung anderer erworben hat, bedeutet, mit sich selbst glücklich und in Frieden zu leben. Dies ist eine„Freundschaft mit allen“. Die Befriedigung, die frühere Theoretiker der Freundschaft durch persönlichere und intimere Bindungen erreichen wollten, deutet Smith an, können wir in einer abgemilderten Form der *agape* finden. Zweifellos wirkt diese Art von Freundschaft auch auf persönlicher Ebene. Ehrliche gegenseitige Großzügigkeit und entsprechende gegenseitige Wertschätzung wäre genau jene bereits beschriebene „coole“ Freundschaft.

Im Falle von Hume muss die Idee der „coolen“ Freundschaft allerdings geprüft werden. Er war für seine Geselligkeit berühmt und trug deshalb den Spitznamen „le bon David“. War es das, was er meinte? Es scheint nicht so. „Ein freundlich gesinnter Mensch wird durch nichts mehr ergriffen, als durch die Wahrnehmung ungewöhnlicher Zartheit in Liebe oder Freundschaft, wie sie darin sich zeigt, daß ein Mensch auf die kleinsten Interessen seines Freundes eingeht und gewillt ist, denselben seine größten eigenen Vorteile zu opfern.“[127] Hume war ein Bewunderer von Cicero, und die Idee eines „freundlich gesinnten Menschen“ ist eine ciceronische Version des klassischen Freundschaftsideals.

Eine besondere Folgerung aus diesen Vorstellungen von Freundschaft ist, dass sie erkennbar *humanistisch* sind in der zeitgenössischen Bedeutung des Wortes: in dem weiten Sinn, dass sie mit praktischen Belangen realer Menschen beginnen – nicht idealen und tugendhaften oder hohen und spirituellen Angelegenheiten –, und zwar unter realistischen Umständen, nicht unter ebenso idealisierten Bedingungen, wo die Kultivierung erhabener Tugenden und die Entwicklung raffinierter Freundschaften Vorrang hat vor den Niederungen des gewöhnlichen Lebens.

Auch die Moralität dieser Entwürfe ist profan und immanent, also ebenfalls humanistisch. Die Idee einer aufrichtig moralischen Person wird von Henry Fielding formuliert – die Moralität der Gutherzigkeit, die von Tom Jones und Parson Adams verkörpert wird. Fielding schreibt, Tom hatte „eine milde, wohltätige Regung …, die ihre Befriedigung darin findet, zum Glück anderer beizutragen“.[128] Es geht nicht darum, moralisch perfekt zu sein, sondern moralisch gut. Natürlich hat Tom Fehler, aber, wie Mrs. Miller zu Squire Allworthy (dessen Name eine Fielding'sche ethische Einordnung enthält) sagt, sogar wenn Tom sie nicht rechtzeitig überwinde, würden sie bei Weitem aufgewogen durch das menschlichste und ehrlichste Herz, das ein Mensch je hatte. Eine von mehreren Folgerungen ist, dass eine solche Person einen wirklich guten Freund abgeben würde und zwei solche Personen eine Freundschaft schließen würden, wie sie sein sollte.

Gutherzigkeit ist natürlich eine nahe Verwandte der *benevolentia*. Dies zeigt, dass Klassiker und Moderne sich in der Liste der Qualitäten, die für eine Freundschaft unentbehrlich sind, nicht allzu sehr unterscheiden.

Im Übergang vom 18. zum 19. Jahrhundert – mit einer Verbindung aus Aufklärungsgeist und romantischem Eifer, trotz des scharfen Gegensatzes dieser Auffassungen, doch mit mehr Letzterem, sodass man ihn für einen der ersten englischen Romantiker hält – steht die außergewöhnliche Figur des William Godwin. Niemand hat ihn und die Unmöglichkeit seiner Gedanken besser seziert als William Hazlitt, der ihn von Kindesbeinen an kannte und dem Godwins kindliches Wohlwollen sehr geholfen hat. Hazlitt meinte, dass Godwin die Moral außerhalb der Reichweite normaler Menschen gestellt habe, indem er „universelles Wohlwollen" und eine utopische Verteilung als ihr Szenario voraussetzte.[129] In Godwin steckt allerdings mehr als das, wie sein Essay „Of Love and Friendship" zeigt.[130]

Schon ganz am Anfang bestreitet Godwin, dass Gleichheit zwischen Freunden notwendig sei. „Wer sagt ‚Es gibt nur Liebe unter Gleichen'? Wer auch immer es war, es ist ein allgemein bekanntes Wort, und jeder führt es im Munde. Das Gegenteil ist die exakte Wahrheit, und das große Geheimnis von allem, was in unserer moralischen Natur bewundernswert ist." Liebe – jede Art, nicht nur romantische oder sexuelle Liebe, sondern auch starke Zuneigung zu jemand anderem, wie sie auch in Freundschaften vorkommt – ist kein „ruhiges, friedvolles und gewissermaßen halb ausgesprochenes Gefühl, sondern eine Leidenschaft des Geistes". Sie ist nicht bloße Bestätigung anderer, eine Art positives Gefühl, das man für Bekannte oder Kunden empfindet, sondern ein Gefühl, „bei dem die Person, die es empfindet, sehr stark mit den Freuden und Leiden eines anderen sympathisiert, sein Vergnügen wünscht, sein Wohlergehen erhofft und vor der Vorstellung, er könne verletzt werden, zurückschreckt; in einem Wort, jenes Gefühl, das den Geist der Aufopferung am stärksten einschließt und die Person, in der es wohnt, darauf vorbereitet, den eigenen Vorteil hintanzustellen hinter den Vorteil dessen, der sein Objekt ist".

Wesentlich für dieses Gefühl ist Fantasie. Das kalte Licht wissenschaftlicher Messungen, wo alles systematisch verstanden und auf Regeln reduziert wird, ist schädlich für die Liebe, und zwar aus dem guten Grund, dass zu lieben heißt, mehr an Abwesendes als an Anwesendes zu denken, an unsichtbare Dinge eher denn an sichtbare, an Zukunft oder Vergangenheit eher als an den gegenwärtigen Augenblick. „Gefühl ist nichts, bis man bei einem Mysterium, einem Schleier angekommen ist, etwas, das nur undeutlich zu sehen ist, nur angedeutet in der Ferne, ohne bestimmte Farbe oder Kontur, das aber dem Geist überlassen wird, um ihn zu seinem Vergnügen und in bestmöglicher Weise zu füllen."

Das „große Modell" für die Liebe zwischen Menschen ist für Godwin „das Gefühl, das zwischen Eltern und Kindern besteht". Auch der Reiz sexueller Anziehung und dessen, was Milton „den geheimnisvollen Brauch ehelicher Liebe" genannt hat, ist Teil der Hoffnung, Nachwuchs zu zeugen, behauptet Godwin. Großen Raum nimmt im Essay auch die Untersuchung ein, wie das Gefühl der Liebe in dieser Beziehung am besten zum Ausdruck kommt. Angesichts seiner Meinung, dass Liebe aus „dem bewussten Gefühl des Beschützers und des Beschützten" entsteht und dass man ihr folgen muss – „Unsere Leidenschaften können in fauler Trägheit nicht bestehen; Leidenschaft und Handlung müssen Hand in Hand gehen; Leidenschaft muss Handlungen hervorrufen, und Handlungen geben dem Strom der Leidenschaft Stärke" –, ist es vollkommen natürlich, die Beziehung zwischen Eltern und Kind paradigmatisch zu sehen. Eine Ansicht, die sehr für ihn spricht, doch sie ist nicht plausibel. In jeder Hinsicht sind die Liebe der Eltern zu ihren Kindern und ihre Erwiderung zwei sehr verschiedene Gefühle, und jedes unterscheidet sich auch von allen anderen Arten von Liebe. Godwin ignoriert die Unterscheidung der Griechen zwischen *agape, eros, ludus, storge, pragma* – also Liebe zu den Mitmenschen, erotische Liebe, verspielte Liebe, kameradschaftliche Liebe, pragmatische Liebe – und ihrer Verbindungen sowie vielleicht noch anderer Formen und verschiedener Übergangsformen.

Interessant in unserem Zusammenhang wird es, wenn Godwin sein Konzept auf die Freundschaft als solche anwendet. Auch dort finden wir Ungleichheit als „untrennbaren Begleiter“ perfekter Verbindungen aus Zuneigung. Als berühmtestes Beispiele für Freundschaft zitiert er jene zwischen Achilles und Patroklos, Orestes und Pylades, Aeneas und Achates, Cyrus und Araspes, Alexander und Hephaistion sowie Scipio und Laelius. Die Beteiligten dieser Beziehungen sind jeweils einerseits „der wahre Held, der Mann mit hochfliegenden Ambitionen, die glänzende Persönlichkeit, in der sich alles konzentriert, was der Historiker oder Dichter an Vortrefflichkeit erfassen konnte“, andererseits „das bescheidene und zurückhaltende Individuum, in das er sein Vertrauen setzte“. Godwin sieht hier das „große Geheimnis“ der Freundschaft enthüllt. Es besteht im Ausruhen der erhabeneren Seele, ihrer Entspannung und Erleichterung im Vertrauen und in der Liebe zum untergeordneten Partner. Der größere Partner will die Last seiner Größe ablegen und er selbst sein. Er bezieht sich auf den anderen „nur als Mann zu Mann“. Er möchte sicher sein, dass er nicht mit Unehrlichkeit, Schmeichelei, Lobhudelei, Katzbuckelei für irgendeinen Gewinn oder ein Interesse konfrontiert wird. „Was er sucht ist ein wahrer Freund, ein Wesen, das ehrlich liebt, jemanden, der an ihn gebunden ist, nicht wegen Zufällen, die ihn begleiten, sondern für das, was rein zu ihm gehört und von dem er nicht entblößt werden kann. Bei einem solchen Freund gibt es weder eigennützige Absichten noch Rivalität.“

Doch die Ungleichheit darf nicht zu groß sein. Der Untergeordnete muss die Qualitäten des Übergeordneten verstehen können, sie müssen diskutieren, Einstellungen und Gefühle über Dinge teilen können. Es muss Vertrauen bestehen zwischen ihnen. Es wird so *scheinen*, als bestünde in ihrem Zusammenspiel vollkommene Gleichheit, und dies beruht auf der Übereinkunft, dass

> *„auf jede Seite vollkommen Verlass ist, eine Idee der Ungleichheit mit der vollkommenen Sicherheit, dass sie auf der stärkeren Seite niemals unwürdig agiert oder Unehrlichkeit oder Kriecherei des Schwächeren hervorruft. Es wird in Wirklichkeit aber immer eine Zurückhaltung bestehen, eine Art Schatten der Angst zwischen Gleichen, die in der Freundschaft zwischen Ungleichen keine Platz findet, wenn sie harmoniert. Es ist ein Ausschütten des Herzens auf der einen Seite und ein herzliches Annehmen auf der anderen, das Worte nur unzulänglich beschreiben können."*

Godwin hat auf eine Weise in seiner Analyse der Freundschaften zweifellos recht: Es waren tatsächlich Freundschaften zwischen Ungleichen. Indem er ausschließlich von Männerfreundschaften spricht, wendet sich seine Analyse Beispielen zu, die nur als männliche Beispiele einleuchten, selbst wenn es Beziehungen zwischen Frauen gibt, die auf derselben Ungleichheit beruhen. Doch die Ungleichheit, auf die sich Godwin konzentriert, gab es nur in Bezug auf eine äußerliche und vielleicht oberflächliche Rangordnung dessen, wer und was die Männer in seinen Beispielen waren. Im innersten Heiligtum dieser Beziehungen musste es Gleichheit einer anderen und am Ende grundlegenderen Art geben. Godwin erkennt dies sogar implizit an, wenn er sagt, dass der „Größere" der beiden einen Freund braucht, damit er die Last seiner Position ablegen und „nur als Mann zu Mann" sein kann. (Und dies ist sehr überzeugend der Fall bei Freundschaften zwischen Frauen: Gerade indem sie Unterschiede in Status oder Position beiseitelassen, können sie die Gemeinsamkeiten weiblicher Erfahrung nützen, um die Freundschaft zu schließen und zu erhalten.) Zutraulichkeit und gegenseitiges Verständnis, Vertrauen, geteiltes Wissen und gemeinsame Einsichten, ohne die es keine Möglichkeit zur Verbundenheit zwischen Freunden gibt, erfordern Gleichheiten von Geist und Charakter, die unabhängig sind von sozialem Status oder Reputation.

Eine weitere implizite Bestätigung dieses Punktes, der mit Godwins Hauptthese unvereinbar ist, liegt in seinen abschließenden Bemerkungen, in denen er noch einmal auf die wesentliche Rolle der Fantasie in Bindungen zurückkommt, die auf Zuneigung gründen. Er sagt dort:

> *„Jede Seite muss fühlen, dass sie die andere braucht und ohne die andere nicht vollständig ist; jede Seite muss sich zugleich der Macht des gegenseitigen Gebens und Nehmens bewusst sein; und es muss eine ferne Zukunft antizipiert werden, die das Gute jeden Tag verbessert, um es zu teilen und sich daran zu erfreuen, damit die so vereinten Individuen unaufhörlich stärker empfinden, welches glückliche Schicksal sie einander gegeben hat und ihnen beiden auf diese Weise tausend Vorteile verschafft hat, die sie sonst niemals hätten teilen können.“*

Es ist schwer zu erkennen, wie diese hervorragende Beschreibung dessen, was Freundschaft von Freunden verlangt, in einem anderen Licht gesehen werden könnte als in dem der Gleichheit, zumindest einer inneren Gleichheit, ohne die sie nicht möglich wäre. Und doch haben einige der Beispiele aus Literatur und Legende genau die Form, die Godwin für die richtige hält – für Liebe im Allgemeinen und Freundschaft im Besonderen, nicht zuletzt die Freundschaft von Achilles und seinem „Gefolgsmann“ Patroklos, die im folgenden Kapitel beschrieben wird.

Im 19. Jahrhundert nimmt das Thema Freundschaft aufgrund eines meiner Meinung nach bisher weitgehend unbemerkten Zusammenhangs eine Wendung: Mit Wachstum und zunehmenden Konflikten der europäischen Mächte, die direkt und indirekt in die Katastrophen des 20. Jahrhunderts geführt haben, weckte die Professionalisierung militärischer und imperialer Dienste Idealisierungen von spartanischer Härte und Tugenden der römischen Republik und mit ihnen die Sorte von Männern, die für schwere Zeiten gebraucht werden – man beachte, *Männer:* Allerdings werden einige großartige Frauen Roms erwähnt und auch jene griechischen Mütter, die ihren Söhnen unverblümt sagten, sie sollten entweder *mit* ihren Schilden zurückkehren oder *auf* ihnen, also siegreich oder tot. Diese Entwicklungen sind natürlich bekannt. Unbemerkt blieben jedoch die Modelle und Beispiele, die zur Erziehung von Knaben – insbesondere Knaben – herangezogen wurden, die zu Bevollmächtigten im Dschungel oder Kavallerieoffizieren bestimmt waren, mit den Pflichten nationaler und persönlicher Loyalität.

Der Westfälische Frieden von 1648 schuf ein Europa der Nationen, das sich auf den verhängnisvollen Weg zum Nationalismus und seinen Problemen machte, unter denen wir heute noch leiden. Am Ende sollten wir Patrioten werden wie die Römer. Deshalb mussten Generationen von Schuljungen auf Lateinisch über Mucius Scaevola lesen, der seine rechte Hand in die Flammen hielt, um zu zeigen, dass er Rom niemals verraten würde, ganz gleich, wie sehr Lars Porsenna von Clusium ihn folterte. Wir wissen, dass Patriotismus die letzte Zuflucht von Schurken ist, und doch fühlen wir immer noch eine Träne aufsteigen beim *dulce et decorum est pro patria mori,* so gründlich war die unbewusste Indoktrinierung.

Verpackt in diese Gefühlsmischung – in Roman auf Roman im 19. Jahrhundert, von Schultagen und imperialen Abenteuern und Soldatentum, sowie in billigen populären Geschichten von auf sich selbst gestellten Burschen (heute vergessen, weil nicht literarisch genug) – sind an sich bessere Dinge: mehr oder weniger direkte, mehr oder weniger grimmige und aufrechte Abhandlungen über das Ethos der Freundschaft, das für diese spartanischen und römischen Tugenden notwendig war. Die Leseliste ist lang und reicht bis ins 20. Jahrhundert hinein – bis zu den Cowboy-Helden der Western-Romane. Die Beispiele sind zahlreich, dazu gehören auch Freundschaften bei Charles Dickens, Anthony Trollope, Gustav Freytag oder Karl May.

Im 19. Jahrhundert war Männerfreundschaft der Schlüssel zur Aufnahme von Gleichaltrigen in den Status der Männlichkeit. Ab wann nach dem *cursus honorarium* von Internat oder Lehre (beide begannen früh) ein Mann als Mann galt, lag im Ermessen gleichaltriger Freunde. Diese ausschließlich männlichen Milieus und ihre Codes waren prägend, daher war es unvermeidlich, dass im Zuge solcher unbewussten, ungeleiteten Entwicklungen, die so oft wie Verschwörungen aussehen, eine Orientierungsliteratur entstand: Sie lobte die erforderlichen

Tugenden (*vir*, wir erinnern uns, heißt „Mann“ im Sinn von „männlich“, nicht von „Menschheit“) und warnte vor den Lastern, die das männliche Leben begleiteten.

Kaum eine Diskussion über Männerfreundschaft in dieser oder einer anderen Zeit entkommt Spekulationen darüber, inwieweit die Männergesellschaft eine praktische oder latente Form von Homosexualität ist. Die akademische Literatur stürzt sich naturgemäß und unvermeidlich auf diese Frage, denn jeder, der über diese Dinge nachdenkt, kann sich natürlich kaum vorstellen, dass psychische Intimität nicht auch in physische Intimität übergehen könnte. In unserer eigenen Lebenspraxis finden wir es nicht schwierig, einen solchen Übergang zu vermeiden. Widerstand scheint nicht einmal notwendig, denn es ist schwerer, die Grenze von einer bestehenden psychischen zu einer physischen Verbindung zu überschreiten, als rein physischem Verlangen nachzugeben. Doch werden wir mit der Nähe zweier Menschen ganz gleich welchen Geschlechts konfrontiert, beginnen wir, uns Fragen zu stellen.

Im Falle von rein männlicher Erziehung in Internat oder Lehre, insbesondere bei Ersterem, gibt es ein institutionelles Bewusstsein dafür, dass jugendliche Homosexualität vorkommt, weil die wild gewordenen Hormone keinen anderen Ausweg haben. Auch Homosexualität in Gefängnissen ist meist situationsbedingt und anlassbezogen (in den USA sagt man dazu „gay for the stay“). Das institutionelle Bewusstsein äußert sich auf zweierlei Weise: entweder strenge Bestrafung bei Entdeckung als Mittel der Abschreckung oder schonungslose Zeiteinteilung von der ersten Glocke bis zum Löschen des Lichts, mit viel Sport, damit für Sex keine Energie mehr übrig bleibt.

Zweideutigkeit in Bezug auf Freundschaft war besonders für jene Erziehungstradition ein Problem, die die Jugend darin bestärkte, klassische Helden als Vorbilder zu nehmen. In den viktorianischen Privatschulen und den alten Universitäten vertrat man ein ausdrücklich religiöses Ideal „muskulären Christentums“, und die Propaganda gegen eine Abweichung davon war einhellig. In seinem Buch *Tom Brown's Schooldays* lässt Thomas Hughes keinen Zweifel daran, auf welcher Seite wir stehen sollen, wenn er von einem Jungen spricht, der verdächtige Tendenzen zeigt, einem „der erbärmlichen hübschen weißhändigen lockenköpfigen Knaben, verwöhnt und verhätschelt von einem der großen Macker, die ihre Verse für sie schrieben, ihnen beibrachten, zu trinken und zu fluchen, und alles in ihrer Macht Stehende dafür taten, sie für diese und die nächste Welt zu verderben".[131] Doch die engen Freundschaften hier und im Folgeband, *Tom Brown at Oxford,* sind in gefühlvolle, romantische Worte eingebettet. In Oxford lernt Tom den männlichen Christian kennen, genannt Hardy, und beginnt bald „eine Freundschaft mit Hardy. Er war noch nicht an Händen und Füßen gefesselt und gefangen genommen, doch er verstrickte sich immer tiefer".[132]

Die Propaganda, die darauf abzielte, die Aufmerksamkeit von der Päderastie und der sexuellen Seite männlicher Freundschaften in der klassischen Welt abzulenken, nahm einen Hinweis von Platon auf und verallgemeinerte ihn:

> *„Dass es bei den Griechen und Römern solche Freundschaften [wie die heroische] in vollkommener Reinheit der Gedanken gab, die einen zu Liebe zum Ruhm und edlen Taten anregten, kann kaum bezweifelt werden … Die Liebe nahm damals oft die Form der Freundschaft an und entfachte – wie es ihre höchste Natur immer tun muss – den Wunsch nach allem, was gut und ehrbar ist in einem Mann."*[133]

Es gibt keinen Grund anzunehmen, dass es außerhalb der dichten Atmosphäre der Internate keine „anlassbezogene Homosexualität" gab, wenn man bedenkt, dass nahezu alle Gesellschaften, auch unsere heutige, wesentlich integriertere westliche Gesellschaft, immer noch eine sexuelle Trennung der Jugend praktizieren. Die Frage ist, ob solche Überlegungen auch für die Freundschaft als solche gelten. Wie oft kommt es vor, dass bei zwei Männern, die eng befreundet sind, mehr passiert als reine Freundschaft? Diese Frage werde ich am Ende des nächsten Kapitels ansprechen. Hier muss allerdings gesagt werden, dass Freundschaften zwischen Männern eng und gefühlvoll sein *durften*, Arm in Arm, voller öffentlich ausgedrückter Zuneigung, packend, ohne öffentliche Ängstlichkeiten über Homosexualität, und im Einklang mit romantischer Verherrlichung intensiver Gefühle und Empfindungen. Der beste Beweis sind Fotografien, die Männer in Umarmung zeigen, Händchen haltend, für die Pose im Fotostudio einer auf den Knien des anderen sitzend. Natürlich könnten einige der Bilder auch homosexuelle Paare zeigen, die meisten waren es wohl nicht. Es gibt viel zu viele dieser Fotos, und die Posen, die Freunde vor der Kamera einnahmen, sollten sichtbare Beweise und Ausdruck ihrer Bindung sein.[134]

Worin besteht nun das Ideal der Freundschaft in diesen Abhandlungen? Es werden weniger die Ideale der Philosophen aufgenommen als vielmehr jene der klassischen Helden. Im Dschungel oder auf dem Schlachtfeld wie auch auf dem Sportplatz ist jener dein Freund, der dich nicht im Stich lässt. Man kann ihm vertrauen, sich auf ihn verlassen. Er wird ehrenwert handeln – mehr noch, er wird sich für dich opfern. Er wird nach den Regeln spielen, wenn es um dich geht – und das gilt auch für dich, wenn es um ihn geht. Welche Unterschiede in Rang oder Position auch bestehen, als Freunde seid ihr gleich. Ein ausdrücklicher Vertrag über Loyalität und Verpflichtung ist nicht nötig, er ist in den Grundbedingungen der Freundschaft bereits enthalten. Wenn du wissen möchtest, wie Freunde sich zueinander verhalten, wendest du dich den klassischen Quellen zu, den Beispielen aus Legende und Mythos, und machst es so wie die Freunde dort.

Wie üblich ging es bisher um Männer, und zwar deshalb, weil der Raum der Freundschaft in dieser Zeit öffentlich, extern, nach außen gerichtet war, während Frauen an den häuslichen Bereich gebunden waren und ihre Beziehungen innerhalb dieses Bereichs als begrenzt und oberflächlich galten. Doch diese Annahme ist völlig falsch: Das zeigen die viel reichhaltigeren und tieferen Analysen von Beziehungen bei Jane Austen, den Brontës, George Eliot und Mrs. Gaskell. Ein einziges Beispiel genügt, um das zu zeigen: die Freundschaft zwischen den beiden Schwestern Bennet, Elizabeth und Jane in *Stolz und Vorurteil* (1813). Im Gegensatz dazu untersucht *Emma* (1816), ebenfalls von Jane Austen, wie eine Frau daran scheitert, anderen Frauen eine gute Freundin zu sein.

Diese Romane zeigen, dass in Austens Ethik der Freundschaft die Tugenden Loyalität, Liebe, Standhaftigkeit, Offenheit, ehrenwertes Verhalten und Wahrheit maßgeblich sind. Eine Freundschaft gründet sich nicht nur darauf, sondern besteht daraus, sonst ist sie keine Freundschaft. Es zeigt sich, dass dies auch ihre Ethik der Liebe ist, denn für Verliebtheit bleibt wenig Zeit. Die Liebesbeziehung muss reif sein, wohlüberlegt und ausgewählt, kurz: Heirat ist eine Form der Freundschaft (Freundschaft mit dem Zusatz von Babys, könnte man sagen) und muss dies von Anfang an sein, wenn sie Erfolg haben will.

Unsere eigene Zeit findet diesen Zugang zur Liebe – wenn auch vielleicht nicht zur Freundschaft – allzu kühl und berechnend. Beeinflusst von Filmen und Liebesromanen, denken wir an „Beziehungen" in zwei Kategorien. Die eine ist ein Liebeserlebnis, das eigentlich Verliebtheit bedeutet, von der die Frage des Sex nicht getrennt werden kann. Sie gehört zum frühen Erwachsenendasein vor der Ehe (genauer gesagt, der Hochzeit) oder vor einem eheähnlichen Zusammenleben (genauer gesagt, der Entscheidung, zusammenzuziehen), das ihr natürliches Ende bedeutet. Alles ist hier Gefühlstiefe und Atemlosigkeit, Verlangen und Sehnsucht, Herzweh und Herzenbrechen, Zärtlichkeit und Leidenschaft, Begehren und Wonne – und der entsprechende Schmerz, wenn die Sache schiefgeht. In diesen Beziehungen sind die Menschen vernarrt in ein kristallbesetztes falsches Bild vom anderen, wie Stendhal es ausgedrückt hat. Sie sind verliebt in die Liebe, ihre Körper reagieren auf chemische Boten von innen und außen und nicht auf einen anderen Menschen. Sex, Verlangen und der Traum bilden eine dicke, undurchsichtige Schicht zwischen den Liebenden, die sich verliebt vorstellen, einander näher und intimer bekannt und wissender zu sein als irgend jemand jemals sonst.

Jane Austen fand Verliebtheit unverantwortlich, und die alten Griechen hielten sie für eine verwünschte Bosheit Amors mit seinen Pfeilen, gegen die niemand gefeit ist, nicht einmal die Götter.

Die andere Kategorie ist die Ehe oder ein eheähnliches Zusammenleben, meist verbunden mit Kindern und einer Hypothek. Die Diskussion darüber dreht sich um ihre Herausforderungen und Probleme, ihr Scheitern, wie man den Sex am Laufen hält, wie man mit Untreue fertig wird, die von der Unnatürlichkeit der Monogamie getrieben ist, und so weiter. Wenn nicht Gewohnheit, Kompromiss, Zuneigung und Güte für Frieden sorgen, ist alles Anstrengung („man muss sich eine Ehe erarbeiten") und sogar Kampf, mit Diskussionen, emotionellen Auseinandersetzungen, Zugeständnissen, Schweigen, Streit, vielleicht Eheberatern, allzu oft Rechtsanwälten – und dann vielleicht ein Triumph der Hoffnung über die Erfahrung. Oft haben allerdings die zweiten oder weiteren Versuche mehr den Charakter, den Jane Austen gutheißen würde, als die Verlockung aus Unwissen, der die ersten Versuche bestimmt hat.

Homosexuelle Beziehungen der häuslichen Art stehen wie einige andere außerhalb dieser Kategorien, vielleicht näher der Ersten. Es ist interessant festzustellen, dass sich heute, wo diese Form der Sexualität immer mehr anerkannt und normal wird, viele Homosexuelle wünschen, den heterosexuellen Normen zu entsprechen, einschließlich Ehe und Familienleben.

Wenn die modernen Beziehungsformen nur zeigen, dass „Liebe und Ehe" höhere Ziele sind als Freundschaft – im Gegensatz zur in der Geschichte meist vorherrschenden Ansicht, dass Freundschaft die höchste Form menschlicher Beziehungen sei –, dann liegt das daran, dass wir heute eine weniger klare Vorstellung von Freundschaft haben als unsere Vorfahren. Vielleicht nicht nur deshalb, weil sie heutzutage weniger wichtig ist als „Liebe und Ehe", sondern weil es so viel mehr Formen davon gibt.

Teil 2
LEGENDEN

Kapitel 7

Exkurs: Illustre Freundschaften

Auf den vorangegangenen Seiten gab es viele Hinweise auf legendäre Freundschaften, erfundene und andere. Es ist von zentraler Bedeutung, zu wissen, was diejenigen, die sie erzählt haben, mit ihnen veranschaulichen wollten. Die bisherigen Beispiele gehen von einer Grundannahme aus: Wenn man wissen will, was ein Freund ist, was Freundschaft ist, wie Freunde sich zueinander verhalten, dann schaut man sich die klassischen Beispiele an und lernt von ihnen.

Die ersten Beispiele in der prägenden Literatur der Welt stehen wie Säulen am Eingang zu diesem Thema: Achilles und Patroklos sowie David und Jonathan. Bei beiden zeigt sich sofort das Problem, das am Ende dieses Kapitels genauer untersucht wird: dass so viele der klassischen Beispiele ebenso homoerotische Liebschaften waren wie auch – oder nicht wie? – Freundschaften. Es gibt in dieser Kategorie nur wenige Freundschaften zwischen Frauen oder zwischen einer Frau und einem Mann. Im letzteren Fall hatten die ausgesprochen wenigen herausragenden Beispiele von der Art der Beziehung zwischen Perikles und Aspasia andere Dimensionen, manche würden sagen, dass es um diese Dimensionen mehr als reine Freundschaften waren. Damit würde man allerdings in Frage stellen, dass solche Beziehungen beides sein könnten, Freundschaften und sexuelle Liebesbeziehungen, was Charakter wie auch Intellekt sowohl von Perikles wie Aspasia durchaus nahelegen. Plutarch erzählt, dass Perikles Aspasia täglich geküsst hat, und zwar sowohl, wenn er von zu Hause wegging, als auch bei seiner Rückkehr. Dies wurde damals als ungewöhnliches Verhalten zwischen Mann und Frau gesehen und daher extra vermerkt.

Beginnen wir mit den Allerersten: der Beziehung zwischen zwei griechischen Kriegern, von denen einer der Schöne war und ein nahezu unbesiegbarer junger Held, dessen Streit mit Agamemnon am Anfang von Homers *Ilias* steht. Homer sagt nicht, dass die beiden Liebhaber waren, im Gegenteil: In neunten Gesang, wo die beiden ins Bett gehen, nachdem sie von Odysseus und Ajax Besuch erhalten hatten, schläft Achilles auf der einen Seite eines Raumes: „Aber Achilles schlief im Innern der gutgezimmerten Hütte, und bei ihm lag die Frau, die er mit sich geführt von Lesbos: des Phorbas Tochter, die schönwangige Diomede. Und Patroklos legte sich drüben nieder, und auch bei ihm lag Iphis, die gutgegürtete, die ihm gab der göttliche Achilleus, als er die steile Skyros nahm, die Stadt des Enyeus.“[135]

Dieses heterosexuelle Arrangement ist deutlich genug. Doch was dachten Zuhörer der homerischen Dichtung in der alten griechischen Welt und später – nachdem sie gesammelt und auf Geheiß von Peisistratos niedergeschrieben worden waren – ihre Leser über sie? Tatsächlich gingen sie davon aus, dass die beiden auch ein Paar waren; dafür haben wir als Zeugen unter anderem Aischylos in Fragmenten seines verlorenen Stücks *Die Myrmidonen,* Platon in *Symposion* und Aischines' *Timarchos.*[136] Unter einigen Zeitgenossen gab es einen Schauder der Entrüstung, weil Achilles der Jüngere war oder man dies zumindest glaubte – auf antiken Vasen und anderen Abbildungen wird er ohne Bart dargestellt, während Patroklos einen hat –, er wurde für den Liebhaber gehalten, der die Rolle des *erastes* spielte, Patroklos für den Geliebten in der Rolle des *eromenos.* Dies kehrte die korrekte Ordnung in mehrfacher Weise um: Der *erastes* hätte eigentlich einen Bart tragen sollen, der *eromenos* hingegen sollte ein bartloser Junge sein, üblicherweise zwischen 12 (dem jüngsten legalen Alter dafür im alten Athen) und etwa 17 Jahren, wenn zu viel Körperhaare sichtbar werden.

Aischylos bezeichnete Achilles zuerst als *erastes* und veranlasste damit den Phaedros in Platons *Symposion* zum Widerspruch, der argumentierte, er müsse wegen seiner Bartlosigkeit der *eromenos* gewesen sein. Xenophon lässt in seinem *Symposion* den Sokrates sagen, Achilles und

Patroklos seien keine Liebhaber gewesen, dafür gebe es in der *Ilias* keine Hinweise. Später antwortet Aischines darauf, jeder gebildete Mensch könne zwischen den Zeilen lesen, wie es tatsächlich gewesen sei.

Man hat darauf hingewiesen, dass der Brauch der *paederastia* – der Liebe zwischen Männern und Knaben – erst lang nach dem Trojanischen Krieg aufkam, wann auch immer das war, in welchem Fall hier ein erheblicher Anachronismus vorliegt. Wenn es damals keinen solchen Brauch gab, könnte die soziale Überlegenheit von Achilles über Patroklos darüber entschieden haben, wer unter diesem Gesichtspunkt in der Beziehung gewissermaßen oben war, wenn es überhaupt einer war. Andere Forscher haben gemeint, päderastische Beziehungen seien im gesamten prähistorischen Europa normal und als wichtiger Teil der sozialen Strukturen weitverbreitet gewesen.

Möglicherweise wurde auch das Alter von Achilles und Patroklos falsch bestimmt. In einer Szene im ersten Buch, in der Athene neben Achilles erscheint, um ihn daran zu hindern, sein Schwert gegen Agamemnon zu ziehen (wegen ihres Streits über das Sklavenmädchen Briseis), beschreibt Homer die Brust von Achilles als „behaart", was Reife anzeigt. Allerdings bezeichnet er sein Haar auch als „blond", was insofern auf Jugend hinweist, als blondes Haar mit dem Alter nachdunkelt.

Es gibt keine eindeutigen Beweise für die eine oder andere Auslegung, auch wenn es angesichts der damaligen Bräuche völlig plausibel gewesen wäre zu behaupten, dass sie auch Liebhaber waren oder sich einfach um irgendeinen angenommenen Unterschied zwischen den beiden Beziehungsarten nicht kümmerten. Doch führt man uns eindrücklich vor Augen, wie eng sie als Freunde waren: Im selben Raum mit der eigenen Konkubine zu schlafen, zeigt große gegenseitige Ungezwungenheit.

Es scheint jedoch in der Beziehung eine ganze Menge von Godwins Ungleichheit zu geben. Als im ersten Gesang die Boten kommen, um Briseis dem Achilles für Agamemnon wegzunehmen, ist es Patroklos, der seinem „Gefährten" die Bitte erfüllt, sie aus ihrem Zelt zu holen und zu übergeben. Im neunten Gesang, in dem Odysseus und Ajax den Achilles anflehen, in die Schlacht zurückzukehren, weil die Trojaner die Oberhand gewinnen, gibt Achilles dem Patroklos den Befehl, in einer Schale Wein und Wasser für die Gäste zu mischen. „So sprach er, und Patroklos gehorchte seinem Gefährten", sagt uns Homer. Danach kocht Patroklos das Abendessen für alle, er facht das Feuer an und brät Schafs- und Ziegenlenden sowie „das Rückenstück eines feisten Schweins, blühend von Fett". Achilles schneidet das Fleisch, und Patroklos reicht Fleisch und Brot herum. Achilles trägt Patroklos auf, den Göttern zu opfern, danach beginnen alle zu essen.

Die Besucher geben ihr Bestes, Achilles zum Nachgeben zu überreden, doch dieser weigert sich, und sie verlassen ihn nach dem Essen. Der alte Phoenix bleibt über Nacht, und Achilles und Patroklos bereiten ihm ein Bett. Wie ein Kammerdiener befiehlt Patroklos den Sklaven, für den alten Mann eine Matratze auszulegen und mit feinem Leinen zu überziehen.

Dies alles zeigt, dass Patroklos eine dienende Rolle innehatte, obwohl er Achilles' „Gefährte" war, wie Homer formuliert. Der Eindruck der Ungleichheit verstärkt sich 18. Gesang, wo Patroklos als „Gefolgsmann" des Achilles bezeichnet wird. Im elften Gesang, in dem Achilles vom Heck seines Schiffes aus beobachtet, wie schlecht der Krieg für die Griechen verläuft, ruft er Patroklos und erzählt ihm, dass er den alten Nestor gesehen habe, wie er einen verwundeten Mann ins Lager zurücktrug, und beauftragt ihn, herauszufinden, wer das war. Patroklos geht los, um zu fragen. Nestor bittet ihn herein, doch Patroklos sagt: „Nein, kein Sitzen, Greis, zeusgenährter! und du wirst mich nicht bereden. Ehrfurcht verlangt und Scheu, der mich sandte zu fragen, wen du da hergeführt hast, verwundet. Aber auch selber erkenne ich es und sehe Machaon, den Hirten der Völker, und gehe jetzt, das Wort auszurichten, zurück als Bote zu Achilleus. Denn du weißt es gut, Greis, zeusgenährter, wie er ist, der furchtbare Mann: leicht mag er auch den Schuldlosen beschuldigen!"[137] Das klingt nicht allzu gut: Patroklos hat Angst vor dem Zorn des Achilles, hier erscheint die Beziehung noch ungleicher, als sogar Godwin gutheißen würde.

Dennoch begrüßt Patroklos Nestors Vorschlag, er solle die Rüstung des Achilles anziehen und die Myrmidonen hinausführen, und kehrt zurück. Auf dem Weg sieht er einen anderen Freund, Eurypylos, mit einem Pfeil im Oberschenkel vom Schlachtfeld taumeln, und bleibt stehen, um ihm zu helfen. Er ist noch bei ihm „und erfreute ihn mit Reden, und auf die traurige Wunde streute er Kräuter als Heilmittel gegen die schwarzen Schmerzen", als die Trojaner die lange Mauer der Achaier durchbrechen und zu den Schiffen vordringen. Als er das griechische Heer in tödlicher Gefahr sieht, springt Patroklos auf: „Eurypylos! Nicht mehr kann ich, sosehr du es auch möchtest, hier bei dir bleiben! Denn schon hat ein großer Streit sich erhoben. Doch dich mag ein Gefolgsmann erheitern. Ich aber eile zu Achilleus, daß ich ihn antreibe zu kämpfen. Wer weiß, ob ich ihm nicht mit einem Daimon den Mut bewege, wenn ich ihm zuspreche! Denn gut ist der Zuspruch eines Gefährten."[138]

Die Trojaner waren gefährlich nahe daran, die griechischen Schiffe in Brand zu setzen, als Patroklos, weinend über das Schicksal seiner Mitstreiter, zu Achilles lief. Dieser empfand Mitleid und sagte: „Warum bist du in Tränen, Patroklos, so wie ein Mädchen, ein kleines, das neben der Mutter herläuft und bittet, es aufzunehmen."[139]

„Verarge es nicht! Denn ein solcher Kummer hat überwältigt die Achaier.
Denn schon alle, so viele vorher die Besten waren,
Liegen in den Schiffen, durch Wurf oder Hieb verwundet
...
Du aber bist nicht zu bewegen, Achilleus!
Mag mich doch niemals ein solcher Zorn ergreifen, wie du ihn hegst,
Unheilsheld! Wie wird ein anderer, Spätgeborener, an dir sich noch freuen,
Wenn du den Argeiern nicht das schmähliche Verderben abwehrst!
Erbarmungsloser! Dein Vater war nicht der Rossetreiber Peleus
Noch auch Thetis die Mutter: das blanke Meer hat dich geboren
Und schroffe Felsen, denn dein Sinn ist ohne Milde!
...
So schicke doch mich hinaus, schnell, und gib mir mit das übrige Volk
Der Myrmidonen, ob ich wohl ein Licht den Danaern werde.
Und gib mir, daß ich um die Schultern mit deinen Waffen mich rüste:
Vielleicht, daß sie mich für dich halten und ablassen vom Kampf,
Die Troer, und aufatmen die streitbaren Söhne der Achaier,
Die bedrängten, und ist auch nur kurz das Aufatmen im Krieg."[140]

Achilles war „tief bewegt“ von diesen deutlichen Worten, die so nur zwischen Freunden ausgesprochen werden können. Obwohl unfähig, in seinem Groll gegen Agamemnon nachzulassen, stimmte er Patroklos’ Vorschlag schicksalhaft zu. Während Patroklos seine persönliche Rüstung anzog, ging Achilles durch das Lager und rief seine Truppen. Die Myrmidonen schwärmten aus ihrem Lager wie Wespen, während Patroklos ihnen „weithin schreiend“ zurief: „‚Myrmidonen! Gefährten des Peleus-Sohns Achilleus! Seid Männer, Freunde! Und gedenkt der ungestümen Kampfkraft! Daß wir dem Peliden Ehre schaffen, der der weit Beste der Argeier ist bei den Schiffen, wie auch seine nahkämpfenden Gefährten.‘“[141] Ihr Anblick brachte die Trojaner durcheinander. Im Rückzug kämpften sie hart. Patroklos trieb seinen Wagen immer dorthin, wo das Schlachtgetümmel am dichtesten war, und schnitt den trojanischen Truppen den Weg ab, wenn sie entkommen wollten. Er metzelte sie nieder bis hin zu den Mauern von Troja, die er ebenfalls angegriffen hätte, hätte nicht der Gott Apollo selbst ihn davon abgehalten, weil es ihm nicht bestimmt sei.

Auf Anordnung des Schicksals beendete Apollo allerdings Patroklos’ Leben nach dessen großen Taten. Er versetzte ihm einen Schlag auf den Rücken, zwischen die Schulterblätter, der ihn benommen machte, und bevor er wieder zu sich kam, warf ein Trojaner einen Speer in seinen Rücken. Hektor stieß einen weiteren Speer in seinen Bauch und zog ihn heraus, indem er seinen Fuß auf Patroklos’ Brust setzte, um dann die Rüstung zu beanspruchen – die Rüstung des Achilles. Die Schlacht um den Leichnam des Patroklos wütete den ganzen Tag, jede Seite versuchte, den Körper des „tüchtigen Gefolgsmanns“ für sich zu beanspruchen.

Nach dem Tod des Patroklos gewannen die Trojaner allmählich wieder die Oberhand. Der Bote Antilochos wurde zu Achilles gesandt, um ihn von Patroklos’ Tod zu unterrichten. Dieser hatte schon so etwas befürchtet, weil er sehen konnte, wie die Griechen wieder zu ihren Schiffen zurückgetrieben wurden. Die Todesnachricht verfehlte ihre Wirkung nicht.

„So sprach er, und den umhüllte des Schmerzes schwarze Wolke.
Und er griff mit beiden Händen in den rußigen Staub
Und schüttete ihn über das Haupt und entstellte sein liebliches Antlitz,
Und auf dem nektarischen Kleid saß rings die schwarze Asche.
Doch er selbst lag im Staub, der Große, groß hingestreckt,
Und raufte sein Haar und entstellte es mit seinen Händen.
Aber die Mägde, die Achilleus erbeutet hatte und Patroklos,
Schrien groß auf, bekümmert im Mute, und liefen aus der Tür
Herbei um Achilleus, den kampfgesinnten, und schlugen alle
Mit den Händen die Brüste, und einer jeden lösten sich unten die Knie.
Und drüben jammerte Antilochos, Tränen vergießend,
Und hielt die Hände des Achilleus – der stöhnte in seinem ruhmvollen Herzen –,
Denn er fürchtete, er könnte sich die Kehle abschneiden mit dem Eisen.
Und schrecklich wehklagte er. Das hörte die hehre Mutter,
Die in den Tiefen des Meeres saß bei dem greisen Vater.
Da schrie sie hell auf, und die Göttinnen scharten sich um sie,
Alle, so viele in der Tiefe des Meeres Nereïden waren.“[142]

Achilles trauert nicht nur um seinen Freund, sondern auch, weil er nicht bei ihm war, um ihn zu schützen: „Gleich will ich tot sein, da ich dem Gefährten, als er getötet wurde, nicht helfen sollte! Er ging zugrunde weit entfernt von der Heimat, und ich war nicht da, ihm ein Wehrer des Unheils zu sein.“[143]

Achilles' Mutter, die silberfüßige Thetis, besorgte bei Hephaistos eine neue Rüstung für ihn. Er musste bis zum nächsten Tag darauf warten, bevor er sich aufmachen konnte, um an Hektor Rache zu nehmen. Doch um die Griechen anzufeuern, stieg er über den Verteidigungsgraben am Wall und schrie dreimal, was die Trojaner in Panik versetzte und die Herzen der Griechen höher schlagen ließ. Ihnen gelang es schließlich, Hektor vom Leichnam des Patroklos zu vertreiben und ihn zu Achilles zurückzubringen.

Die Myrmidonen versammelten sich mit Achilles die ganze Nacht um die Bahre des Patroklos, auf die sie ihn gelegt hatten, nachdem sie „den Schorf, den blutigen“ abgewaschen hatten. Am nächsten Tag legte Achilles die schöne Rüstung an, die ihm der Gott angefertigt hatte, zog in die Schlacht, tötete viele und trieb den Rest hinter die Mauern der Stadt. Schließlich tötete er selbst auch Hektor, dessen Leichnam er in Trauer und Zorn entehrte, indem er ihn dreimal mit seinem Wagen um die Mauern von Troja zog.

In dieser Nacht erschien ihm Patroklos im Traum und sagte:

„*‚Lege nicht meine Gebeine von den deinen getrennt, Achilleus!*
Sondern ineins, so wie wir erwuchsen in euren Häusern,
Als mich, der ich noch klein war, Menoitios aus Opus
In euer Haus geführt, wegen eines unheilvollen Totschlags
…
Da nahm mich auf in den Häusern der Rosselenker Peleus
Und zog mich mit Sorgfalt auf und ernannte mich zu deinem Gefolgsmann.
So soll uns beiden auch die Gebeine die gleiche Urne umhüllen,
Die goldene, zweihenkelige, die dir brachte die hehre Mutter.‘
Da antwortete und sagte ihm der fußschnelle Achilleus:
‚Warum bist du mir, liebes Haupt, hierher gekommen
Und trägst mir dies alles auf? Ich aber werde
Dir alles gut erfüllen und gehorchen, wie du befiehlst.
Aber tritt näher zu mir! und laß uns nur ein wenig
Einander umfassen und uns ergötzen an der verderblichen Klage!‘
Als er so gesprochen, griff er nach ihm mit seinen Händen,
Aber faßte ihn nicht, und die Seele ging unter die Erde
Wie ein Rauch, schwirrend. Und staunend sprang auf Achilleus,
Schlug die Hände zusammen und sprach das Wort mit Jammern
…“[144]

Nach der Bestattung und den darauffolgenden Spielen, in denen Achilles den Siegern Preise verlieh, fand ein Fest statt, und alle gingen schlafen …

„*… Aber Achilleus,*
Weinte, seines Gefährten gedenkend, und nicht ergriff ihn
Der Schlaf, der Allbezwinger, sondern er wandte sich hin und her,
Sich sehnend nach des Patroklos Manneskraft und tapferem Ungestüm;
Und wie viele Kämpfe er mit ihm abgewickelt und Leiden erduldet,
Durchmessend die Kriege der Männer und die schmerzlichen Wogen.
Dessen eingedenk vergoß er reichliche Tränen,
Bald auf den Seiten liegend und bald wieder auf dem Rücken,

Bald auf dem Angesicht. Dann aber stand er aufrecht auf
Und streifte irrend umher am Strand des Meeres, und keine Morgenröte
Entging ihm, wenn sie erschien über der Salzflut und den Ufern,
Sondern hatte er angeschirrt an den Wagen die schnellen Pferde
Und den Hektor zum Schleifen hinten an den Wagen gebunden
Und ihn dreimal gezogen um das Mal des Menoitios-Sohns, des toten,
So ruhte er wieder in der Hütte, ließ diesen aber
Im Staub, vornüber hingestreckt. ..."[145]

Die Beziehung zwischen Patroklos und Achilles war zweifellos eine Godwin'sche Freundschaft, was die Ungleichheit von Status und Position zwischen den beiden betrifft. Doch bei genauerer Betrachtung kommt man zu dem Schluss, dass es an der Vorgeschichte der beiden Seiten liegt. Es ist nicht deshalb eine *Freundschaft*, weil einer der beiden dem anderen sozial oder von Natur aus überlegen ist. Aber es ist eine *Godwin'sche* Freundschaft, weil einer dem anderen sozial oder von Natur aus überlegen ist. Achilles war König, daher ist seine Beziehung zu Patroklos wie Hamlets zu Horatio oder Prinz Heinrichs zu Falstaff bestimmt durch den vorgegebenen Rang. Menschen werden nicht deshalb Freunde, *weil* einer in irgendeiner Weise übergeordnet ist, außer wenn die Freundschaft vom Untergeordneten begonnen wird, um etwas zu gewinnen oder voranzukommen. Das wäre für uns allerdings keine echte Freundschaft. Man möchte im Gegenteil davon ausgehen, dass es gemeinsame Perspektiven und Interessen geben muss und annähernd gleiche Fähigkeiten und moralische Grundsätze, damit sich zwei Menschen verbinden, manchmal *trotz* anderer Faktoren – eben solcher sozialen Faktoren und anderer natürlicher Differenzen –, die trennend wirken könnten.

Die Fragen, die sich bei Achilles und Patroklos stellen, finden sich auch bei David und Jonathan im ersten Buch Samuel im Tanach (den Christen das Alte Testament nennen). Biblische Geschichten haben etwas Willkürliches in der Art, wie die Erzählrichtung durch passende göttliche Eingriffe gewechselt, erklärt, gerechtfertigt und beschönigt wird – oder auch durch ebenso passende Abwesenheit der Gottheit zu anderen Zeiten –, was ihren eigenwilligen Verlauf verschleiert. In der Geschichte des ersten Buches Samuel müssen wir einfach folgenden Hintergrund voraussetzen: Der erste König des vereinten Israel ist Saul. Als er als junger Mann eines Tages die Esel seines Vaters hütete, sah ihn Samuel und wählte ihn – von Gott aufgefordert – zum König. Doch in der Folge wurde Saul ungehorsam, sodass Gott seine Wahl bereute. Als ihm befohlen wurde, alle Männer, Frauen, Kinder und das Vieh der Amalekiter zu ermorden, ließ Saul das beste Vieh und den König der Amalekiter, Agag, am Leben. Samuel machte Saul im Namen Gottes Vorwürfe, ließ Agag vorführen und hieb ihn in Stücke.[146]

Das genügte aber nicht, um Gott mit Saul zu versöhnen. Gott sandte Samuel, um jene Person zu salben, die er unter den Söhnen des Jesse in Bethlehem als nächsten König Israels erwählt hatte: David. Weil ihn Gott verlassen hatte, wurde Saul von einem bösen Geist heimgesucht, sodass er Trost brauchte. Jemand hatte herausgefunden, wie gut David Zither spielen konnte und dass er auch sonst sehr fähig war. Er wurde dem König empfohlen. Als David die Zither spielte, erfrischte dies den König und der böse Geist verließ ihn. Saul behielt daraufhin den David bei sich.[147]

Zu jener Zeit befand sich Israel ständig im Krieg mit den Philistern, die die Bundeslade geraubt hatten. Als die beiden Heere eines Tages einander bei Sokho im Tal von Elah gegenüberstanden, forderte Goliath, der Vorkämpfer der Philister, die Israeliten auf, den Krieg durch ein Duell zu entscheiden. David trat vor, bewaffnet nur mit einer Schleuder und fünf glatten Steinen, und setzte sich der Verachtung Goliaths aus. Er benötigte nur einen Stein, dieser drang in die Stirn des Giganten ein, sodass dieser zu Boden fiel und David ihn töten konnte.[148]

Während Saul David nach diesem Vorfall lobte, scheint Sauls Sohn Jonathan, der danebenstand, sich in David verliebt zu haben. „Nach dem Gespräch Davids mit Saul schloss Jonathan David in sein Herz. Und Jonathan liebte David wie sein eigenes Leben. … Jonathan schloss mit David einen Bund, weil er ihn wie sein eigenes Leben liebte. Er zog den Mantel, den er anhatte, aus und gab ihn David, ebenso seine Rüstung, sein Schwert, seinen Bogen und seinen Gürtel."[149]

Saul übertrug David das Kommando über das Heer, und David wurde ungemein erfolgreich. Er heiratete Sauls Tochter Michal. Als die Frauen Israels sangen: „Saul hat Tausend erschlagen, David aber Zehntausend", wurde Saul eifersüchtig und plante dessen Tod, indem er ihn auf eine gefährliche Mission schickte: die Vorhäute von 100 Philistern zu erbeuten. David brachte ihm 200.

Daraufhin beschloss Saul, dass sein Sohn Jonathan und dessen Diener David töten sollten. Doch weil er ihn „sehr gern" hatte, warnte ihn Jonathan und konnte auch Saul von dem Plan abbringen – allerdings nur für gewisse Zeit. Bald darauf versuchte Saul selbst, David mit einem Speer zu töten, und als David floh, schickte er Boten zu dessen Haus, um ihn zu fangen und zu töten.[150]

Während der ganzen Zeit profitierte David von Jonathans Schutz und Unterstützung. Das erregte den Zorn Sauls gegen Jonathan:

> *„,Du Sohn eines entarteten und aufsässigen Weibes! Ich weiß sehr gut, dass du dich zu deiner eigenen Schande und zur Schande des Schoßes deiner Mutter für den Sohn Isais entschieden hast. Doch solange der Sohn Isais auf Erden lebt, wirst weder du noch dein Königtum Bestand haben. Schick also sofort jemand hin und lass ihn holen; denn er ist ein Kind des Todes.' Jonathan antwortete seinem Vater Saul: ,Warum soll er umgebracht werden? Was hat er getan?' Da schleuderte Saul den Speer gegen ihn, um ihn zu töten. Nun wusste Jonathan, dass sein Vater beschlossen hatte, David umzubringen. Voll Zorn stand er vom Tisch auf und aß an diesem zweiten Neumondtag nichts; denn er war bekümmert wegen David, weil sein Vater ihn beschimpft hatte."*[151]

Als die Freunde einander bald darauf an einem geheimen Ort trafen, „küssten sie einander und beide weinten. David hörte nicht auf zu weinen und Jonathan sagte zu ihm: ,Geh in Frieden! Für das, was wir beide uns im Namen des Herrn geschworen haben, sei der Herr zwischen mir und dir, zwischen meinen und deinen Nachkommen auf ewig Zeuge'".[152]

Saul und Jonathan starben in den Kriegen gegen die Philister – Saul durch Freitod, er stürzte sich in sein Schwert, um einer Gefangenschaft zu entgehen. Davids Klagelied enthält die bewegenden Verse: „Jonathan liegt erschlagen auf deinen Höhen. Weh ist mir um dich, mein Bruder Jonathan. Du warst mir sehr lieb. Wunderbarer war deine Liebe für mich als die Liebe der Frauen. Ach, die Helden sind gefallen, die Waffen des Kampfes verloren."[153]

Nur wenige Verse beschreiben die Beziehung zwischen Jonathan und David, doch auf ihnen wurde ein großes Gebäude errichtet. Manches kann man sofort erkennen: Jonathan mochte David, sobald er ihn sah, ein Beispiel für das häufige Argument, dass die besten Freundschaften aus natürlicher und spontaner Zuneigung entstehen. Auch war die Bindung sehr stark, „wunderbarer als die Liebe der Frauen". Sie küssen und umarmen sich. Obwohl Jonathan ein Prinz ist, der Sohn eines Königs, und David nur ein gewöhnlicher Mann, lässt Jonathan David den Vortritt, wenn er ihm sagt, er werde an Davids Seite sein, wenn Letzterer Israel regiert. Sozial steht Jonathan über David, doch unter ihm, was Fähigkeiten und Vorsehung betrifft – und das gleicht sich anscheinend aus. Sie waren füreinander „sehr lieb", sie liebten sich mit einer Liebe, die über die Liebe zu Frauen hinausgeht: Ein solches Bekenntnis ist leidenschaftlich, ob nun homosozial oder homosexuell.

Der biblische Bericht komprimiert und verzerrt die Zeit derart, dass man nicht weiß, wie viel davon die beiden miteinander verbracht haben, auch nicht, wie alt sie waren. Durch die Heirat Davids mit Jonathans Schwester Michal waren sie verschwägert. Daher ist es durchaus möglich, dass es Zeiten gab, in denen sie alle in derselben Stadt lebten oder die beiden Männer gemeinsam in den Krieg zogen, ehe die Eifersucht Sauls David zum Flüchtling machte. Doch das ist nur Vermutung auf der Basis einer dürftigen Beweislage.

Auf derselben dürftigen Beweislage entwickelt die Diskussion vertraute Konturen. Rabbinische Kommentatoren benutzen sie, um die Dauerhaftigkeit selbstloser Liebe zu veranschaulichen, im Gegensatz zur Unbeständigkeit einer Liebe, die auf Nutzen oder Interesse gründet. Christliche Autoren möchten die Beziehung platonisch sehen, was zwangsläufig ist, wenn man bedenkt, dass sie einer Tradition angehören, die die offen erotischen Gesänge Salomons als Allegorie für Gottes Liebe zur Kirche versteht. Doch schon im Mittelalter und in der Renaissance begann man, anders zu denken. Die offen homosexuelle Liebe zwischen Eduard II. und Piers Gaveston (1284–1312) wurde in zeitgenössischen Darstellungen ausdrücklich mit der Liebe zwischen Jonathan und David sowie Achilles und Patroklos verglichen.[154] Die Beziehung zwischen Philipp II. von Frankreich und Richard I. von England („Löwenherz“) in den *Annalen* von Roger von Hoveden (gest. 1201) legt ähnlichen Vergleiche nahe: „Richard, Herzog von Aquitanien [später Richard I.], Sohn des Königs von England, blieb bei Philipp, dem König von Frankreich, der ihn lange Zeit so sehr ehrte, dass sie jeden Tag am selben Tisch aus derselben Schüssel aßen und des Nachts nicht in getrennten Betten waren. Der französische König liebte ihn wie seine eigene Seele, und sie liebten einander so sehr, dass der König von England darüber erstaunt und verwundert war.“[155] Die Freundschaft hielt nicht, später führten die beiden Krieg gegeneinander.

Rogers Bericht deutet an anderer Stelle darauf hin, dass dies eine homosexuelle Affäre war und nicht nur eine starke Freundschaft. Als Richard König war, warnte ihn ein Eremit vor der Strafe Sodoms und sagte ihm: „Enthalte dich des Ungesetzlichen, denn wenn du das nicht tust, wird dich die Rache Gottes ereilen.“ Doch der König widmete seine Aufmerksamkeit viel mehr den weltlichen Dingen als den göttlichen und war kaum dazu bereit, von ungesetzlichen Handlungen abzulassen.[156]

Homosexuelle Männer neigen natürlich dazu, die Beziehung zwischen Jonathan und David als ausdrücklich homosexuell zu sehen. Die wunderschönen und einflussreichen Bilder Davids von Donatello und Michelangelo sind Beispiele dafür. Ihre Berechtigung leitet sich davon ab, dass David in der Bibel als attraktiv beschrieben wird. Natürlich steigt das Interesse für eine Persönlichkeit, wenn physische Schönheit im Spiel ist. Jonathan mag David sofort, auch dies passt zu einem sexuellen Interesse, das sofort spürbar wird, wenn Menschen im Alltag vom Aussehen anderer angezogen werden.

Andererseits wandte sich die jüdische Tradition ausdrücklich gegen Homosexualität, und die Strafen waren hart. David wie auch Jonathan hatten Ehefrauen, Konkubinen und Kinder, es ist durchaus möglich, dass sie ausschließlich heterosexuell waren und die Liebe füreinander, die „wunderbarer“ war als die Liebe zu den Frauen, könnte auch rein geistig und emotional gewesen sein – also Freundschaft als solche, im wahrsten Sinn des Wortes. Es gibt noch eine andere Möglichkeit, die zu vielen nicht sexuellen, doch engen Beziehungen zwischen Männern passen könnte: Manche Beziehungen hätten unter günstigeren Umständen vielleicht auch eine physische Seite gehabt und wurden gerade dadurch, dass sie keine sexuelle Erfüllung fanden, besonders intensiv, loyal und verzehrend. Am Ende sind dies Freundschaften im einfachsten Sinn, auch wenn dabei Unausgesprochenes mitschwingt.

Die bekannteste Geschichte aus der alten Literatur, die einen Bericht von einer hingebungsvollen Freundschaft zwischen Frauen beschreibt, ist das Buch Ruth in der Bibel. Der Ehemann und zwei Söhne von Naomi sind gestorben und haben sie mit zwei Schwiegertöchtern zurückgelassen. Sie entschließt sich, in ihre Heimat Juda zurückzukehren und bittet ihre Schwiegertöchter Orpa und Ruth, sich wieder ihren eigenen Familien anzuschließen, weil sie zu alt sei und keine weiteren Söhne für sie haben würde. „‚Kehrt doch beide heim zu euren Müttern! Der Herr erweise euch Liebe, wie ihr sie den Toten und mir erwiesen habt. Der Herr lasse jede von euch Geborgenheit finden bei einem Gatten.‘ Damit küsste sie beide zum Abschied; doch Orpa und Ruth begannen laut zu weinen.“[157]

Orpa tat, wie ihr geheißen, doch ‚Ruth „ließ nicht von ihr“ und weigerte sich, zu gehen. „Dränge mich nicht, dich zu verlassen und umzukehren. Wohin du gehst, dahin gehe auch ich, und wo du bleibst, da bleibe auch ich. Dein Volk ist mein Volk und dein Gott ist mein Gott. Wo du stirbst, da sterbe auch ich, da will ich begraben sein. Der Herr soll mir dies und das antun – nur der Tod wird mich von dir scheiden.“[158] In Juda wenden sich die Dinge zum Guten. Naomi hilft Ruth, einen liebenswürdigen neuen Ehemann zu finden, mit dem sie den Sohn Obed hat, den Vater von Isai, dem Vater Davids.

Viele beanspruchen die Geschichte für sich: jüdische Konvertiten wie Ruth es war, Lesbierinnen, jene, die moralische Aussagen über Frauen und Schwiegertöchter treffen wollen, und jene, die überall Allegorien wittern. Wissenschaftler weisen darauf hin, dass die Geschichte erst relativ spät entstanden sein könnte, sie trägt Züge einer hellenistischen Erzählung.[159]

Die Namen der handelnden Personen passen zur Geschichte: Naomi heißt „die Liebliche", doch nach ihren Verlusten bittet sie darum, „Mara", „die Bittere", genannt zu werden. „Ruth" bedeutet „Freundin", und auch die anderen Namen sind sprechende.

Es ist eindeutig die Darstellung einer Freundschaft, auch wenn viele behauptet haben, es sei eine lesbische Beziehung. Sie belegen das mit der Aussage, dass „Ruth nicht von ihr ließ", und vergleichen dies mit der Genesis, wo es heißt, der Mann verlässt „Vater und Mutter und bindet sich an seine Frau und sie werden ein Fleisch".[160] Es wäre natürlich zu schön, wenn es für eine solche Interpretation noch weitere Belege gäbe, doch das ist nicht der Fall. Das Buch Ruth enthält allerdings etwas, das mindestens genauso gut ist: ein Beispiel für Freundschaft über Generationen hinweg und auch über kulturelle Grenzen, denn Ruth war ursprünglich keine Jüdin. Ruths Weigerung, sich von Naomi zu trennen, zeigt ihre Anhänglichkeit, doch Naomis Worte zu ihren Schwiegertöchtern, das Küssen und Weinen beweisen, dass die Zuneigung auf Gegenseitigkeit beruht. Über Wesen oder Ursachen der beteiligten Gefühle gibt es jedoch keine Diskussion, man muss sie als gegeben annehmen.

Aus vielen Berichten sind wir vertraut mit der Tatsache, dass die meisten Frauen relativ abgeschieden in einem beschränkten häuslichen Bereich lebten. Dort nahmen alle ihre Beziehungen Gestalt an, meist mit anderen Frauen und Kindern, wesentlich beschränkter und stärker reglementiert mit einem Mann oder sehr wenigen Männern. Berichtet wird auch, dass Feindschaft zwischen Frauen bitter sein konnte, dass jedoch auch die Schicksalsgemeinschaft eines gemeinsamen und oft schwierigen Loses Kraft geben konnte. Ruth und Naomi sind zwei Frauen, die auf eigene Faust reisen und sich unter Umständen durchschlagen müssen, die für unabhängige Frauen widrig waren – ihre Rettung kommt erst mit der Wiederverheiratung Ruths. Dass ihre Gemeinschaft Frauen vor völliger Hilflosigkeit schützte, spricht für sie, doch wichtiger ist, dass in dieser Geschichte die Freundschaft der beiden Frauen die Basis bot, um ihre Schwierigkeiten zu überwinden.

Ein zweites homerisches Paar, das als Modell für Freundschaft herangezogen wird, sind Diomedes und Sthenelos. Diomedes wurde Opfer einer literarischen Bearbeitung: Manche sagen, der Bericht über seinen Heldenmut und seine Taten im fünften und sechsten Gesang der *Ilias* sei ursprünglich ein eigenes Gedicht zu seinen Ehren gewesen. Er wurde in der Antike viel zitiert und bewundert, erhielt schließlich göttlichen Status; viele Städte beriefen sich auf ihn als Gründer. Doch als das Gedicht in die *Ilias* gestellt wurde, verlor er die Prominenz, die es ihm verliehen hatte. Immerhin überragt ihn nur Achilles an Heldenmut und Kampfkraft, und anders als dieser zeigt er eine durchwegs edle Haltung. Diomedes war mit Odysseus befreundet und hatte wie dieser einen scharfen Verstand. Er gehörte zu jenen, die sich im Bauch des hölzernen Pferdes versteckten, um Troja endlich zu besiegen.

Diomedes begann als einer der Sieben gegen Theben und war ein Verehrer der schönen Helena. Ihre Verehrer trafen untereinander die Vereinbarung, wer immer ihre Hand gewinnen würde, den würden die anderen unterstützen und schützen, wenn etwas geschieht. Dementsprechend musste Diogenes nach der Entführung der Helena Menelaos helfen.

Überall, wo Diomedes ist, ist auch Sthenelos. Sie standen Seite an Seite als zwei der Sieben gegen Theben und fanden sich beide im Bauch des Holzpferdes. Als Diomedes während der heftigen Kämpfe im fünften Gesang der *Ilias* von einem Pfeil in die Schulter getroffen wird, zieht ihn Sthenelos heraus. Als danach zwei mächtige Krieger aus dem trojanischen Heer auf sie zukommen, sagt er zu Diomedes: „Tydeus-Sohn Diomedes, du meinem Herzen Lieber! … weichen wir zurück auf dem Gespann …“[161] Diomedes weigert sich, mit der Begründung, er laufe niemals vor der Gefahr davon. Im neunten Gesang wendet sich Diomedes an das griechische Heer, das überlegt, zu packen und abzuziehen, und sagt: Selbst wenn sie alle verließen, würden er und Sthenelos bleiben und kämpfen, bis die Türme von Troja fielen.

Die Geschichte von Diomedes und Sthenelos ist auch deshalb interessant, weil sie in der 22. „Privaten Rede" des Themistios vorkommen, eines Philosophen und Politikers, der im 4. Jahrhundert n. Chr. in Konstantinopel lebte. Der griechisch geschriebene Essay heißt „Über Freundschaft". Neben diesem Kriegerpaar werden auch andere genannt, darunter Achilles und Patroklos, zu denen, nach Themistios, eine besondere Verbindung besteht, weil auch sie ein gegensätzliches Paar waren. „Homer wusste genausogut, wie man Freundschaften beschrieb, wie Kriege", schrieb er. „Er stellte Patroklos als Achilles' Freund dar, den sanften Patroklos und den großspurigen Achilles. Er schrieb auch über Sthenelos und Diomedes, Letzterer lange leidend, Ersterer unfähig, eine Beleidigung zu ertragen."[162] Homer bezeugt dies im vierten Gesang der *Ilias*, wo Agamemnon Diomedes und Sthenelos tadelt, weil sie nicht so schnell zur Schlacht gekommen seien, wie es ihre Väter getan hätten. Diomedes ist deshalb verlegen und bleibt still, doch Sthenelos ist sehr verärgert:

„Atreus-Sohn! rede nicht falsch: du weißt es genau zu sagen!
Wir rühmen uns dir, weit besser zu sein als die Väter!
Wir haben auch eingenommen den Sitz des siebentorigen Theben,
Und mit weniger Volk, herangeführt an die stärkere Mauer,
Vertrauend den Zeichen der Götter und des Zeus Beistand.
…"
Da sah ihn von unten herauf an und sagte zu ihm der starke Diomedes:
„Lieber Alter! sitze in Schweigen und gehorche meinem Wort!
Denn nicht verarge ich es Agamemnon, dem Hirten der Völker,
Daß er antreibt zu kämpfen die gutgeschienten Achaier.
Denn ihm wird folgen der Ruhm, wenn die Achaier
Die Troer erschlagen und nehmen die heilige Ilios,
Ihm aber auch wieder große Trauer, wenn die Achaier erschlagen werden.
Aber auf denn! gedenken auch wir beide der ungestümen Kampfkraft!"[163]

Die Rede über die Freundschaft gibt Ratschläge, wie man einen Freund auswählt und wie man ihn anschließend behält. Themistios bezeichnet sich selbst als Anhänger einer „wahren und ehrlichen Freundschaft" und hätte lieber eine solche denn „ein nisaisches Pferd, einen keltischen Hund, das Gold des Darius, den Stier von Kreta oder den Schild des Achilles".[164] Er hat daher viel darüber nachgedacht, wie man wirklich gute Freunde findet. „Zuerst muss man sagen, dass wir dieser Sache ebenso viel Aufmerksamkeit widmen müssen wie der Auswahl eines Pferdes oder von Waffen. Ist die Person, mit der wir uns anfreunden möchten, liebevoll zu jenen, die ihm nahestehen? Wie behandelt er seine Eltern und Geschwister, seine Verwandten? Was weiß man darüber, wie er mit Vergnügungen oder mit Schwierigkeiten im Leben umgeht?"[165]

> *„Liebt er Geld, wird er eifersüchtig? Liebt er den Ruhm, ist er süchtig danach, Erster zu sein? Denn wenn er nicht großzügig ist, wenn er die Gleichheit nicht erträgt, die für Freundschaft wesentlich ist, ist er wetteifernd, leicht zu reizen und neigt zur Wut? Solch eine Person kommt für Freundschaft nicht in Frage. Auch nicht, wenn er allzu sehr zum Spiel oder anderen Obsessionen neigt."*

> *„Freunde dich nicht mit jemandem an, der zu viele Freunde hat. Es ist unmöglich, Sympathie, Interessen und Geschmack mit vielen so zu teilen, wie es Freundschaft erfordert. Wenn einige seiner Freunde entzückt sind von Dingen, die andere stören, welche Gruppe wird er bevorzugen? Wenn einer seiner Freunde sich wünscht, dass er seinen Schmerz mit ihm teilt, und ein anderer mit ihm feiern gehen möchte, zu welchem von beiden wird er gehen?"*[166]

Wie das Beispiel von Diomedes und Sthenelos zeigt, ist es gut, wenn Freunde gegensätzliche Veranlagungen haben, wie leicht oder schwer zu verärgern, energisch oder lässig bei der Arbeit. Sind diese Eigenschaften komplementär, werden die Freunde gut zueinander passen und sich gegenseitig ausbalancieren und helfen können. „Die Freundschaften der Vergangenheit, die großen Nachruhm gewannen, waren von solcher Art", sagt Themistios.[167]

Was das Bewahren einer einmal gewonnenen Freundschaft betrifft: Diesem müssen wir ebenso viel wenn nicht mehr Aufmerksamkeit widmen als der Pflege unserer Waffen und Werkzeuge oder des Gartens.

Freundschaft braucht Pflege und Sorgfalt. Und haben wir uns einmal verpflichtet, jemandes Freund zu sein, dann müssen wir das in Ehren halten: Das bedeutet Freundschaft.

> *„Vermeide jede Art von Verzug. Teile die Leiden deines Freundes, sei bei ihm in seinen schlaflosen Nächten. Steh ihm bei, wenn er in Gefahr ist, Auslagen hat oder Schmach erleidet. Warte nicht darauf, dass du zu ihm eingeladen wirst. Eile, es von dir aus zu tun. Bedenke im Voraus, was eine bestimmte Situation bedeutet. Versuche die Rolle, die du spielst, nach den jeweiligen Bedürfnissen deines Freundes zu ändern: Spiele die Rolle des Arztes, wenn er krank ist, des Rechtsanwalts, wenn er in ein Gerichtsverfahren hineingezogen wird, eines Beraters in allen Angelegenheiten, eines Helfers, wenn er eine Entscheidung getroffen hat … Wenn dir das Schicksal wohlgesonnen ist, dann beziehe deinen Freund mit ein.“*[168]

Und in unserem Sinn schließlich drängt er darauf, dass Freunde „Rivalität, Streit und Konkurrenz hintanstellen, denn Freundschaft findet man nicht unter jenen, die gegeneinander kämpfen, sondern jenen, die einander im Kampf helfen“.[169]

Von einem Dichter besungen zu werden, ist das Beste, was einer Freundschaft widerfahren kann, die aus irgendeinem Grund keinen langen und friedlichen Bestand hat. Dies ist bei der Freundschaft zwischen Nisus und Euryalus der Fall, beide Trojaner der Gruppe um Äneas in Italien, die gemeinsam bei einem mutigen Militäreinsatz starben. Sie haben einen Platz in der ewigen Liste klassischer Freundschaften. Obwohl hier homoerotische Elemente deutlicher zu sein scheinen als bei den vorangegangenen männlichen Paaren, gibt sich Virgil alle Mühe, diesen Schluss zu vermeiden.

Eine Gruppe von Trojanern wurde von rutulischen Truppen belagert und war dadurch von ihrem Anführer Äneas abgeschnitten. Unter den Wache haltenden Trojanern in dieser Nacht befanden sich Nisus, ein mutiger Krieger, der gut mit Speer und Pfeil umgehen konnte, und Euryalus, „welchem an Schönheit keiner der Äneaden in troischer Rüstung voranging: Knab’ annoch, um die Wangen mit sprossender Jugend gezeichnet".[170] Sie liebten sich – „Er, Euryalus ragt' an Gestalt und blühender Jugend, Nisus an Liebe des Knaben und Zärtlichkeit" – und kämpften immer Seite an Seite.[171] Während sie Wache hielten, wälzte Nisus den Plan, sich durch das Lager der schlafenden Rutuler zu schleichen, um zu Äneas zu gelangen und ihn über die bedrängte Lage zu informieren. Er erzählt Euryalus davon, der sofort darauf besteht, mitzukommen. Nisus versucht, ihn davon abzuhalten. Anfangs sagt er, er möchte jemanden haben, der seine Totenfeier hält, wenn er es nicht schafft, außerdem wolle er die Mutter des Euryalus nicht um ihren Sohn bringen. Doch Euryalus weigert sich, zurückzubleiben. So wenden sich die beiden an die Anführer der Gruppe und erhalten die Erlaubnis zu ihrem Unternehmen.

Während sie sich durch die schlafenden Rutuler bewegen und dabei alle am Weg töten – Virgil beschreibt das Blutbad genüsslich –, macht Euryalus den fatalen Fehler, sich von einigen Rüstungen und einem glitzernden Helm anlocken zu lassen. Gerade als sie dabei sind, der Gefahr zu entkommen, wird eine Reiterpatrouille durch den Schimmer des Helmes, den Euryalus jetzt trägt, auf sie aufmerksam. In verzweifelter Sorge läuft Nisus zurück, um ihm beizustehen. Er sieht, dass die Rutuler Euryalus aus Rache für ihre toten Kameraden im Lager töten wollen: „... nicht bergen im Dunkel kann er hinfort, noch länger den Schmerz der Verzweifelung ausstehn; ‚Mir, mir! (Täter bin ich!) zu mir her wendet das Eisen, Rutuler! Mein ist ganz der Betrug! Nichts hat ja gewagt der, oder gekonnt! Dort Himmel und kundige Sterne bezeug' ich! Nur zu eifrig hing er dem unglückseligen Freund' an!'" Doch es war zu spät. Ein kraftvoll geschwungenes Schwert dringt in Euryalus' weiße Brust und er „krümmt sich im Tod', um die reizenden Glieder strömet das Blut, schwach sinket der welkende Hals auf die Schultern: So wie die Purpurblume, gefaßt von der schneidenden Pflugschar, ... hinschmachtet und stirbt; wie der Mohn mit ermattetem Schafte niederbeuget das Haupt, wann schwer ihn Regen belastet".

In seinem Schmerz vergisst Nisus den Plan, Äneas zu erreichen, stürzt sich auf die Rutuler, die Euryalus getötet haben, und rächt sich an an so vielen wie möglich, bevor ihre Schwerter und Speere ihn überwältigen.

„Eindringend noch heftiger, rollt er des Schwertes flammendem Blitz, bis er endlich dem Rutuler, so wie er aufschrie, grad' in den Mund es verbarg und den Feind der Sterbende mitnahm. Jetzo über den Freund, den entseeleten, warf er sich selber ganz durchbohrt; hier fand er die friedsame Ruhe des Todes. O glückseliges Paar! wenn meine Gesäng' es vermögen, Euch raubt nimmer ein Tag andenkendem Preise der Nachwelt; weil des Äneas Stamm Kapitoliums ewigen Felsberg anwohnt, und mit Gewalt obherrschet der römische Vater."[172]

Virgils Verheißung ist damit eingetroffen. Zuerst hat er das Paar im fünften Gesang der *Äneis* eingeführt, wo sie bei Spielen mitkämpfen, die Äneas anlässlich des Begräbnisses seines Vaters Anchises veranstaltet. Was ihnen beim Wettrennen widerfährt, ist sowohl prophetisch wie aufschlussreich. Nisus hätte gesiegt, wäre er nicht in Blut vom Stieropfer ausgerutscht. Hätte er aber gewonnen, wäre Euryalus Dritter geworden. Doch Nisus schaltet schnell und bringt im Fallen auch seinen Verfolger zu Fall, sodass Euryalus gewinnt. Am Ende erhalten alle drei Preise.

Virgil nennt die Liebe zwischen Nisus und Euryalus *amor plus.* Die Absicht dahinter: Es soll so aussehen, als sei es eine hingebungsvolle, jedoch nicht sexuelle Freundschaft – zweifellos mit Rücksicht auf die römische Tradition, bei der Homosexualität in der Armee sehr verpönt war. Homoerotik galt als unmännlich, auch wenn sie toleriert wurde. Jene, die bei penetrativen Handlungen die passive Rolle übernahmen, wurden schief angesehen.

Nisus und Euryalus werden an dieser Stelle unter anderem deshalb genannt, weil sie ein Musterbeispiel eines Paares sind, bei dem beide bereit sind, füreinander zu sterben. Das Thema ist: „Kein Mensch kann eine größere Liebe haben." Die Statue von Jean-Baptiste Roman im Louvre zeigt Nisus, der schützend über dem sterbenden Euryalus kniet und seine Hand hält, während er zu den Feinden aufschaut, die ihn töten. Eine Lesart der Beziehung meint, dass die Freundschaft bei einem Paar wie Nisus und Euryalus sich in griechischer Sicht zu einer Liebesbeziehung entwickeln kann, während Virgil – bedenkt man die Würde und den hohen Ton der *Äneis*, der zur schwerwiegenden Angelegenheit der

Gründung Roms passt – solche Bindungen in die entgegengesetzte Richtung lenkt, wie bei Platon, über das Fleischliche hinaus zu etwas Spirituellem oder zumindest Ethischem.

Amys und Amylion in mittelalterlichen Romanen, Enjolras und Grantaire in Victor Hugos *Les Misérables*, Annibal und Lerac in Alexandre Dumas' *La Reine Margot* und viele andere werden mit den mythischen Prinzen Orest und Pylades verglichen, die auf jeder Liste heroischer Freundspaare stehen. Ihre Freundschaft wird in Christoph Willibald Glucks *Iphigénie en Tauride* und Georg Friedrich Händels Pasticcio *Oreste* besungen.

Orest ist der, der seine Mutter aus Rache dafür umbrachte, dass sie ihren Mann, seinen Vater, getötet hatte. Sein Vater war Agamemnon, die Mutter Klytaimnestra. Die dramatische Geschichte des Hauses von Atreus wurde oft erzählt, nicht zuletzt von Aischylos in der Trilogie *Oresteia* wie auch in Sophokles' *Elektra* und Euripides' *Iphigenie auf Tauris*. Es ist eine der großen Seifenopern der Weltliteratur: Agamemnon musste seine Tochter Iphigenie opfern, damit die griechische Flotte nach Troja segeln konnte. In den zehn Jahren, die er nicht zu Hause war, nahm sich Klytaimnestra einen Liebhaber und plante mit ihm Agamemnons Ermordung. Orest erfüllt seine Pflicht, den Mord an seinem Vater zu rächen, tötet seine Mutter und muss vor den Peinigungen der Erinnyen (der Furien) fliehen – dämonischen Göttinnen, deren Aufgabe es ist, jene zu bestrafen, die ihre Eltern töten. Schließlich wird er von seinen Qualen durch Athene und Apollo befreit, die ihn vor das Gericht auf dem Areopag in Athen stellen, das aus diesem Anlass zum ersten Mal abgehalten wird: Er wird freigesprochen.

Liebhaber der Freundschaft interessiert an dieser Geschichte, dass Klytaimnestra und ihr Liebhaber ihren Sohn Orest an den Hof eines Verwandten schicken, König Strophius von Phokis, während Agamemnon in Troja ist. Orest wächst dort gemeinsam mit seinem Cousin Pylades auf, mit dem er eine starke und unauflösliche Freundschaft schließt. Als Orest vom Mord an seinem Vater erfährt, ermutigt ihn Pylades, Rache zu nehmen, und begleitet ihn bei den folgenden Abenteuern. Einmal versuchen sie, eine Artemis-Statue von Tauris zu stehlen, dabei werden sie gefangen genommen und zum Tode verurteilt. Die Furien treiben Orest in den Wahnsinn, doch Pylades pflegt ihn wieder gesund, wischt den Schaum von seinem Mund und betreut ihn liebevoll. Die Priesterin der Artemis ordnet an, dass einer der beiden sterben muss, der andere soll eine Botschaft zurück nach Griechenland bringen. Orest wird zum Boten bestimmt, Pylades sollte sterben, doch Orest weigert sich und bittet, dass Pylades die Botschaft überbringen soll und er an seiner Stelle sterben darf. Die Priesterin entpuppt sich als Iphigenie selbst, die ihre Opferung durch ihren Vater überlebt hat. Sie erkennt Orest und alle drei fliehen gemeinsam (und nehmen die Artemis-Statue mit).

Der griechische Autor des 2. Jahrhunderts n. Chr., der die beiden mehr als Liebhaber denn als Freunde beschreibt, ist Lukian (wenn die Zuschreibung der *Erotes*, lateinisch *Amores*, richtig ist). Dieser Dialog enthält folgenden Bericht über sie:

> *„Im Lande Phokis sind seit ihren frühesten Knabenjahren Orestes und Pylades unzertrennlich; indem Gott selbst die gegenseitige Zuneigung ihnen ins Herz pflanzte, haben sie sozusagen auf einem Schifflein die Fahrt durchs Leben vollendet. [Beide haben, als wenn sie beide die Söhne des Agamemnon wären, die Klytaimnestra getötet, beide den Aigisthos erschlagen; als den Orestes die Rachegöttinen umhertrieben, litt Pylades mehr darunter; als jener vor Gericht stand, nahm er die Schuld auf sich. Ihrer erotischen Freundschaft konnten die Grenzen Griechenlands kein Ziel setzen, sondern sie nahmen sie auf ihrer Fahrt nach den äußersten Enden des Skythenlandes mit, der eine krank, der andere ihn pflegend.] Als sie nun das Taurische Land betraten, nahm sie sogleich die muttermordrächende Erinnye in Empfang, und während die Barbaren im Kreise herumstanden, lag Orestes von dem gewohnten Wahnsinnsanfall gepackt am Boden, Pylades aber wusch ihm den Schaum vom Munde, stand dem Kranken bei, verhüllte sogleich ihn mit schützendem Gewand und bewies so nicht nur die Zärtlichkeit des Liebhabers, sondern auch die Sorge eines Vaters. Als dann die Verabredung getroffen wurde, daß der eine dableiben und getötet werden, der andere nach Mykenai mit einem Briefe (Iphigeniens) zurückkehren sollte, da wollte jeder für den andern dableiben, da beide*

glaubten, nur im Leben des anderen leben zu können. So wies Orestes den Brief zurück, da Pylades würdiger sei, ihn zu empfangen, indem er aus dem Geliebten fast zum Liebenden wurde."[173]

Hingabe, absolute Loyalität, brennende Bereitschaft, für den anderen zu sterben: Diese Mischung ist die zentrale Formel solcher leidenschaftlichen Freundschaften. Auch wenn diese Formel in der späteren Literatur eindeutig homosozial gemeint ist, bezieht sich das Beispiel von Orest und Pylades doch immer auf die unauflösliche Kraft ihrer Verbindung.

Die mittelalterlichen Pendants zu Orest und Pylades waren Amys und Amylion. Ihre Geschichte nahm die Fantasie der Epoche so sehr in Anspruch, dass sie fast in allen europäischen Sprachen aufgegriffen und nacherzählt, ausgeschmückt und weiterentwickelt wurde, darunter Französisch, Latein, Altnordisch, Walisisch, Deutsch und Flämisch. In der englischen Version wuchsen Amys und Amylion miteinander auf, ihre leidenschaftliche Freundschaft entstand in ihren frühen Jahren, noch bevor sie junge Ritter wurden. Verschiedene Abenteuer münden darin, dass Amylion Lepra bekommt, als Strafe für eine Täuschung, mit der er seinen Freund Amys retten wollte. Die beiden erfahren gleichzeitig im Traum, dass Amylion nur geheilt werden kann, wenn er im Blut von Amys' Kindern badet. Amys tötet seine Kinder und übergießt Amylion mit ihrem Blut: Dieser wird geheilt und die Kinder werden wunderbarerweise wieder zum Leben erweckt. Danach leben sie für den Rest ihres Lebens glücklich zusammen und werden auch gemeinsam begraben.

Bei der Entwicklung der verschiedenen Versionen entsteht eine umfangreiche Hintergrundgeschichte. Amys muss ein Duell ausfechten, was Amylion an seiner Stelle erfolgreich erledigt. Später, nachdem Amylion als Kranker drei Jahre lang mittellos und leidend herumgewandert ist, erkennen sich die beiden, weil jeder einen von zwei zueinander passenden goldenen Bechern hat. Hilfsmittel der Handlung wie dieses sind vorhersehbar, das Thema Loyalität und Hingabe ist verbreitet, doch es war so ungeheuer attraktiv für Zuhörer und Leser, dass die Geschichte ein Klassiker wurde.

In Edmund Spensers *The Squire of Low Degree* ist Aemylia zusammen mit einem lüsternen Monster in einem Verlies eingesperrt, doch sie kann ihre Jungfräulichkeit bewahren, weil immer, wenn das Monster lustvoll entbrennt, eine mit ihnen eingesperrte alte Frau die Lust der Bestie stillt. Hier opfert jemand nicht sein Leben für einen Freund, sondern sich selbst. Das Thema der Stellvertretung hat in diesem Fall nichts mit der Liebe zwischen der alten Frau und Aemylia zu tun oder mit der Geschichte eines Zusammenseins, es geht hier nicht um Freundschaft, sondern bloß um Schicklichkeit. Wäre es anders, müsste Aemylia von der alten Frau denken wie Montaigne von der Freundschaft mit Étienne de la Boétie: „In ihr gibt sich jeder dem anderen so rückhaltlos hin, daß ihm nichts zu verteilen bleibt; ganz im Gegenteil schmerzt es ihn, nicht doppelt, ja drei- oder vierfach zu sein, nicht über mehrere Seelen und mehrere Willen zu verfügen – sie alle würde er dem Gegenstand seiner Liebe darbringen.“[174] Hier kommt zur Hingabe auch nocht Gegenseitigkeit oder Wechselseitigkeit hinzu, absolute Loyalität, und eine leidenschaftliche Bereitschaft, für den anderen zu sterben.

Diese wenigen Beispiele für Freundschaftsgeschichten bilden die Spitze eines Eisbergs, ob in Geschichte, Legende oder Erzählung. Man nehme eine zufällige Auswahl jeder Gattung: aus der Geschichte Petronius und Nero, Hereward the Wake und Martin Lightfoot, Eduard II. und Piers Gaveston, Adams und Jefferson; aus der Legende – neben den bereits erwähnten – Theseus und Peirithoos, Damon und Phintias, Iason und seine Argonauten, Artus und Lancelot, Johanna Franziska von Chantal und Franz von Sales; aus Erzählungen – wo anfangen und wo aufhören? – Don Quichotte und Sancho Pansa, die drei Musketiere, Tom Sawyer und Huckleberry Finn, Chingachgook und Natty Bumppo, Miles Standish und John Alden, Jack Aubrey und Stephen Maturin, Tiberge und Des Grieux, Biddy und Pip, Holmes und Watson, Wasserratte und Maulwurf, Biggles, Ginger und Bertie, Fred Feuerstein und Barney Geröllheimer, Harry, Ron und Hermine. Alle drei Listen könnten auf den Umfang eines Lexikons ausgeweitet werden, und nicht nur deshalb, weil wir nicht wissen, wo wir wirklich die Grenze ziehen sollen. Sind Fanny Price und Edmund Bertram Freunde? Sind Cathy und Heathcliff Freunde? Gehören Liebende und Eheleute in diese Listen – ganz gleich, ob erfunden oder nicht, bedenkt man, dass Eheleute auch Feinde sein können und einige Arten von Liebenden wohl kaum Freunde sind (O und René, zum Beispiel)?

Würden die Freunde in diesen Paaren und Gruppen den Hindu-Text lesen, der unter dem Namen *Die freundliche Belehrung* bekannt ist, wären sie damit einverstanden:

> *„Den Freund erkennst du in der Not,*
> *Die Gattin, mangelt es an Brot,*
> *In Schulden Brave, Tapfere im Streit*
> *und die Verwandten, naht sich dir ein Leid.“*
> ...
> *„Einend Mut und Ehrlichkeit,*
> *Treu in Freuden wie im Leid,*
> *Spendend, liebend, rührig, wahr:*
> *Also sei ein Freundespaar.“*[175]

Schon der gesunde Menschenverstand sagt, dass einige der großen männlichen Freundschaften in Mythen, Legenden und Geschichte zweifellos homosexuelle Beziehungen waren. Für eine Betrachtung der Freundschaft tut sich damit eine allgemeine, interessante Frage auf, die hier mit der gröbsten aller Verallgemeinerungen gestellt werden soll: Sind männliche Freundschaften, die zugleich homosexuelle Beziehungen sind, einfach normale Männerfreundschaften mit Sex, oder sind sie wie weibliche Freundschaften zwischen Männern? Sind sie also kameradschaftliche Freundschaften, bei denen es mehr darum geht, Dinge gemeinsam zu tun (wie das Stereotyp männlicher Freundschaften beschreibt: zu Fußballspielen gehen, das Auto reparieren helfen), als zu kommunizieren (wie das Stereotyp weiblicher Freundschaften es will: über Beziehungen plaudern, gesundheitliche Probleme, Tratsch, die Kinder)? Hat die verspätete und begrüßenswerte Akzeptanz der Homosexualität in der Gesellschaft die tuntige Seite betont – bei Weitem nicht alle Homosexuellen sind Tunten –, als Parodie auf heterosexuelle Beziehungen?

Dies ist eine Komplikation im Verständnis *männlicher* Beziehungen, wie sie oft bestehen und in der klassischen Vergangenheit fast sicher gemeint waren, ob homosexuell oder nicht –, in dem Sinn, dass sie nicht heterosexuelle Beziehungen und die mit ihnen verbundenen Rollen nachäfften. (Jedenfalls und ebenso begrüßenswert werden solche Verhaltensweisen jetzt im Zuge der Befreiung der Frauen von zwingenden Stereotypen des Patriarchats infrage gestellt.) Manche homosexuellen Stereotype sind absichtlich und ironisch tuntig, wobei ein Partner als „Ehefrau" angesehen wird (man denke etwa an den Film „Ein Käfig voller Narren"). In der idealisierten Version klassischer Homosexualität werden die Rollen von Liebhaber und Geliebtem durch Alter und Position bestimmt: Der Liebhaber ist ein Mann, der Geliebte ein Knabe. Die akzeptierte Form sexueller Zusammenkunft (Schenkelverkehr, bei dem der Mann seinen Penis zwischen den Schenkeln des Knaben reibt[176]) respektiert eine schweigende Übereinkunft, dass der Knabe nicht dadurch zur Frau gemacht wird, dass er die passive Rolle bei einer echten Penetration übernimmt. Es war wie gesagt für manche klassischen Kommentatoren ein Skandal, dass Achilles, der Jüngere, ein fast bartloser Jüngling, von manchen für den Liebhaber gehalten wurde und Patroklos, der Ältere, für den Geliebten – weil die richtige Ordnung verdreht war.

Bei diesen Fragen geht es darum, dass idealisierte Männerfreundschaften in Mythen und Legenden schwer zu verstehen wären, wenn sie nicht in gewisser Weise völlig männlich bestimmt wären – sie zeigen Kameraden im Krieg, bei Abenteuern, mit Frauen und Familien. Und dennoch sind sie auch Liebschaften im vollsten und leidenschaftlichsten Sinn, auch wenn nicht alle von ihnen als sexuelle Leidenschaften bestätigt sind. Welchen Charakter hatten diese Beziehungen? Gehörten sie einer siebten Kategorie an und waren anders als heterosexuelle männliche Freundschaften, männlich-weibliche nicht sexuelle Freundschaften, heterosexuelle weiblich-weibliche nicht sexuelle Beziehungen, zeitgenössische männliche homosexuelle Beziehungen, die bei der Gewichtung der Partner heterosexuelle Beziehungen nachahmen, lesbische Beziehungen und normale männlich-weibliche sexuelle Beziehungen einschließlich der Ehe? Allerdings: Diese sechs Kategorien sind selbst alles andere als homogen, und sie verdrängen weitere, die Grenzen verwischende Phänomene wie Bisexualität und Transsexualität. (In welche Schublade steckt man Freundschaften zwischen Menschen, von denen einer oder mehrere früher ein anderes Geschlecht hatten?)

Je mehr man sich um eine Einordnung bemüht, desto deutlicher wird, dass es unklug wäre, zu meinen, es gebe Formen von Freundschaft, die dem einen oder anderen Stereotyp folgen. Zugleich wehren wir uns innerlich dagegen, dies zu akzeptieren, weil wir mit unseren Klischees gewissermaßen verheiratet sind. Wie rasch akzeptieren Menschen Karikaturen von männlichen oder weiblichen Freundschaften, wie sie oben dargestellt wurden: Männer mit kameradschaftlichen Beziehungen (zu Fußballspielen gehen, das Auto reparieren helfen), Frauen mit kommunikativen Beziehungen (über Beziehungen plaudern, über gesundheitliche Probleme, Tratsch, die Kinder)? Als ob die Frauen in den meisten Gesellschaften nicht viel mehr „tun" würden als die Männer. Während meiner Kindheit in Afrika war es alltäglich, dass Frauen mit Babies auf dem Rücken Mais stampften, Wasser trugen, Kleider in einem Fluss wuschen, einen Maisacker bearbeiteten, während die Männer unter einem Baum saßen, nach Fliegen schlugen und tratschten.

Es ist viel leichter, die historischen Freundschaften in ihre erkennbaren Muster zu zerlegen, denn damals waren die Rollen der Menschen wesentlich stärker festgelegt. Die Strafen für das Verlassen einer sozialen oder funktionellen Nische waren groß, und nur wenige waren dazu überhaupt in der Lage, nicht zuletzt, weil sie von ihrer Erziehung her über Alternativen nicht einmal nachdenken oder sich solche vorstellen konnten. Man denke an ein relativ spätes Beispiel: die Lebensumstände junger Frauen im England des späten 18. und frühen 19. Jahrhunderts, wie sie in Jane Austens Romanen sehr präzise geschildert werden. Die Einschränkungen, denen sie ausgesetzt waren, die begrenzten Aussichten, die man ihnen zugestand, erscheinen uns heute erdrückend und wurden zweifellos auch damals so empfunden. Aber es gab keinen Ausweg, der nicht schwere Probleme mit sich gebracht hätte. Deshalb ist es leicht zu sagen, welche äußerliche Form die Beziehungen zwischen Menschen damals haben sollten – oder besser: mussten. Heutzutage ist es unmöglich, Formen von Freundschaft über Geschlecht, Alter oder irgendeine andere der Demarkationslinien zu bestimmen, die uns heute viel zu grob erscheinen, um hilfreich zu sein oder auch nicht.

Dennoch drängt sich die Frage auf: Waren jene legendären, wenn auch idealisierten Freundschaften einer menschlichen Norm näher, gegen die sich einige mächtige religiöse und soziale Traditionen mit gutem Grund wehrten? Es wird zuweilen behauptet, die Ablehnung der Homosexualität in der jüdisch-christlich-muslimischen Tradition entstamme der Lebenswelt der Schaf- und Ziegenhirten in früher jüdischer Zeit. Ihr Leben hing vom Erfolg ihrer Viehzucht ab, daher war die falsche Platzierung von Sperma eine Gefahr. Die Moralvorstellungen im Alten Testament zeigen, dass es gleichgültig war, mit wie vielen Frauen ein Mann schlief oder Kinder hatte, ob sie seine Frauen waren, Konkubinen oder Sklavinnen. Die Monogamie und ihr Ungemach waren erst eine spätere Gabe der Gottheit. Doch wehe demjenigen, der seinen Samen woandershin lenkt als in den Schoß einer Frau. Onan wurde dafür getötet, dass er den seinen auf den Boden fallen ließ und sich weigerte, im Namen seines toten Bruders Kinder zu zeugen.[177] Das ist also genauso schlimm wie Homosexualität: „Schläft einer mit einem Mann, wie man mit einer Frau schläft, dann haben sie eine Gräueltat begangen; beide werden mit dem Tod bestraft; ihr Blut soll auf sie kommen.“[178] Nach dieser Logik ist Selbstbefriedigung ein größeres Verbrechen als Vergewaltigung, denn diese kann wenigstens zur Schwangerschaft führen, und darum geht es schließlich.

Die Unterdrückung der klassischen Ansichten in Europa durch orientalische – in Gestalt des Christentums – bedeutete, dass männliche Freundschaft zumindest nach außen hin keinerlei sexuelle Ausdrucksformen annehmen durfte. Immer, wenn etwas unterdrückt wird, sammeln sich die Abweichungen an den Rändern. Man ist versucht, darüber zu spekulieren, wie das die Rollen beeinflusst hat. In einer Gesellschaft, die männliche Homosexualität akzeptiert und sogar unterstützt, ist ein

Mann trotzdem ein Mann, wenn er die passive Rolle beim penetrativen Sex übernimmt oder genießt. In einem Umfeld, in dem diese Rolle ausschließlich weiblich ist, gilt ein Mann, der dies tut, „weniger" als ein Mann – denn die Frauen sind untergeordnet, und er nimmt ihre sexuelle Rolle ein. In den Augen „wahrer" Männer löst der Verlust des männlichen Status Verachtung aus, Hass, ja sogar Angst (wenn man an die verbreiteten männlichen Ängste bezüglich Sex und Potenz denkt). Man schaue sich dagegen soziale Umstände an, in denen dieser Reflex nicht wirkt: Man kann sich Euryalus und Patroklos oder irgendeinen anderen *eromenos* der Legende nur als „wirklichen Mann" vorstellen, in welcher Machovariante auch immer – abgesehen von seinem sexuellen Verhalten, würden wir sagen.

Alle diese Beispiele für Freundschaft spiegeln einen einfachen Gedanken wider: Freundschaft bedeutet nicht bloß Kameradschaft und Spaß, die jede Bekanntschaft mit sich bringen kann, sondern eine tiefere Bindung, die im Wesentlichen auf Gegenseitigkeit beruht, wie immer das in der Praxis aussieht. Im besten Fall ist sie zumindest unterstützend, verzeihend und beständig.

Beständigkeit hat zwei Bedeutungen: Widerstandsfähigkeit unter Druck sowie Dauerhaftigkeit über lange Zeit hinweg. Bei Freundschaften ist beides wünschenswert, schon deshalb können alte Freundschaften zu den besten gehören. Doch ist Dauerhaftigkeit über einen langen Zeitraum nicht unbedingt erforderlich. Freundschaften zählen auch als solche, wenn sie vorbei sind. Häufig genug beenden Menschen, die im vollsten und umfassendsten Sinne Freunde sind, die Freundschaft nach einer gewissen Zeit – dafür gibt es jede Menge Begründungen, meist allerdings schlechte.

Das war zum Beispiel bei Samuel Taylor Coleridge und William Wordsworth der Fall, deren zwölf Jahre der Vertrautheit die englische Lyrik verändert haben. Sie entzweiten sich aufgrund von Missverständnissen und verletzten Gefühlen, nicht deshalb, weil sich ihre Anschauungen geändert hätten. Während ihrer Freundschaft verstand einer das

Genie des anderen, sie empfanden höchsten gegenseitigen Respekt und echte Zuneigung. Als die Gaben von Coleridge in Opium und Alkohol versandeten, nahmen ihn Wordsworth und seine Familie auf und unterstützten ihn. Wordsworth hoffte weiterhin auf Coleridges Hilfe bei dem großen, gemeinsam geplanten Projekt: dem Verfassen eines monumentalen philosophischen Gedichts.

Doch Coleridge war undiszipliniert und drogenabhängig, er redete lieber, als zu schreiben, was bei Weitem die härtere Arbeit ist. Er hat zu wenig von seinem Genie hinterlassen – einige brillante Gedichte und Fragmente, dazu manchmal vielsagende, manchmal aufschlussreiche, doch allzu oft chaotische Arbeiten. Wordsworth seinerseits wurde ein zunehmend reizbarer und selbstgefälliger, einsamer Mann in einem Haushalt voller Frauen, die ihn bewunderten (mit Folgen, die Coleridge vorhergesehen und vor denen er gewarnt hatte) – eine Entzweiung der beiden war unvermeidlich. Aus der Asche der Freundschaft stieg später eine dünne und zögerliche Bekanntschaft, aus der nie wieder die Flamme der früheren Kameradschaft aufflackerte.[179]

Ebenso produktiv war – solange sie andauerte – die bereits erwähnte geistvolle Freundschaft (das war sie, mehr als eine Liebesgeschichte) zwischen Voltaire und der bemerkenswerten Émilie, Marquise du Châtelet, einer der am meisten vernachlässigten Gestalten in der Entwicklung der modernen Wissenschaft (weil sie eine Frau war und Aristokratin dazu). Zu Hause im Château de Cirey hat sie Newton ins Französische übersetzt und ihre theoretischen Arbeiten zur Natur des Lichts waren bahnbrechend.

Die Beziehung zwischen diesen beiden brillanten Seelen war voller Spaß und Stürme, wobei die Balance zwischen diesen beiden Polen sich allmählich vom ersten zum zweiten verschob. In den ersten Jahren war es eine erotische Kameradschaft, auch eine politische, nicht zuletzt in dem Sinn, dass Émilie Voltaire vor den unüberlegten Konsequenzen einiger seiner Schriften beschützte, so gut sie konnte. Doch vor allem war es eine intellektuelle Freundschaft, bei der jeder den anderen ermutigte, direkt und als Vorbild, einige seiner bzw. ihrer besten Arbeiten zu schaffen.

Sie war nicht ohne abenteuerliche Episoden, etwa als Voltaire sich mitten in der Nacht der Verhaftung entziehen musste, oder als Émilie ihre Schulden bezahlte, indem sie die Lotterie betrog und steuerschonende Modelle ersann. Man freut sich am scharfen Verstand und den großen Leistungen, besonders in den unsicheren Zeiten, in denen diese beiden Freigeister lebten.[180]

Die Menschen schreiben oft erst über ihre Freunde, nachdem diese gestorben sind, weil sie dann die Freiheit haben, im Nachruf-Modus mehr zu sagen als vorher. Solche Texte enthalten all jene Kleinigkeiten, die tief unter den oberflächlichen Verallgemeinerungen liegen, mit denen sich eine Abhandlung über Freundschaft beschäftigen muss. Aus ihnen lässt sich ablesen, dass Freundschaften in ihren Strukturen in weiten Bereichen sehr ähnlich sein können, was manchmal überrascht, wenn man daran denkt, wie unterschiedlich sie ansonsten sind. Jede ist sehr individuell und möglicherweise exzentrisch.

Man muss sich solchen Berichten zuwenden, um zu erkennen, warum und wie. Es gibt eine in vieler Hinsicht bemerkenswerte, bewegende und köstliche Sammlung solcher Texte von Robert Silvers und Barbara Epstein, *The Company They Kept*. Jeder Beitrag ist ein Nachruf auf eine herausragende Persönlichkeit: Stanley Kunitz über Theodore Roethke, Robert Lowell über Randall Jarrell, Derek Walcott über Robert Lowell, Edward Dahlberg über Hart Crane, Robert Oppenheimer über Albert Einstein, Anna Achmatowa über Modigliani, Saul Bellow über John Cheever, Joseph Brodsky über Isaiah Berlin, Tatjana Tolstaja über Joseph Brodsky, Seamus Heaney über Thomas Flanagan – eine eindrucksvolle Liste. Ihre Vielfalt wirft mehr Licht auf die unterschiedlichen Möglichkeiten von Freundschaft, als es eine Abhandlung wie diese vermag.

Dazu gehört etwa die Großzügigkeit. Als Erinnerungen nach dem Tode (nicht Nachrufe als solche) sind sie vorhersehbar großzügig: Wir sind mehr oder weniger verheiratet mit dem Prinzip *de mortuis nil nisi bonum* – „über die Toten nichts außer Gutes" –, auch wenn die Pietät uns manchmal zwingt, scheinheilig zu sein, und uns daran hindert, unsere Gefühle gegenüber dem Verstorbenen offener und ehrlicher zu beschreiben. Doch der Grundton dieser Berichte ist nicht erzwungene Großzügigkeit, sondern echte Zuneigung und Respekt. Prudence Crowther sagt von S. J. Perelman: „Perelman war einer jener Menschen, die einem das Gefühl geben, so charmant zu sein wie sie selbst.“ Derek Walcott erwähnte Robert Lowell gegenüber, dass er dessen Krawatte mochte: „Er nahm sie ab und gab sie mir.“ Jason Epstein erinnert sich, dass Edmund Wilson sich im Alter weigerte, eine Hörhilfe, einen Schrittmacher, Impfungen oder Thomas Manns Metaphysik zu akzeptieren. Saul Bellow wählt genau das richtige Zitat von John Cheever, um dessen Bestimmung zu zeigen: „Die Konstanten, nach denen ich in diesen manchmal staubig wirkenden Paraphernalia Ausschau halte, sind eine Liebe für Spielarten des Lichts und die Entschlossenheit, einem Faden von Moral im Dasein nachzuspüren.“[181] Enrique Krauze tut dasselbe bei Octavio Paz, der Frauen beschrieb als „Tor zur Versöhnung mit der Welt“.

Manche Menschen haben die Gabe, von aller Welt geliebt zu werden, und Albert Einstein war einer von ihnen. Seine revolutionären Leistungen in der Physik sind eine gewaltige historische Tatsache, sein Scheitern in seinem letzten Vierteljahrhundert ist weniger bekannt. Robert Oppenheimer bemerkt scharf: „Er hatte ein Recht auf diesen Misserfolg.“ Seine Enttäuschung ergab sich vor allem aus seiner Unfähigkeit – trotz hartnäckiger Anstrengungen –, zu zeigen, dass die Quantentheorie, die auf ihn zurückging und die er zutiefst ablehnte, in sich widersprüchlich sei.

In seinem Essay über Djuna Barnes schreibt Darryl Pinckney ebenso viel über seinen ersten erfolglosen Versuch, in New York Fuß zu fassen, wie über sein eigentliches Thema. Er zeichnet Barnes im hohen Alter, in einem kleinen, vollgestopften Raum, wie sie mit ihrer Sterblichkeit ringt, immer noch mit wachen Augen, wie ein winziger Vogel, der niemals den Wunsch aufgeben wird, zu fliegen.

Nicht alle Freundschaften, über die im Buch *The Company They Kept* berichtet wird, würden von Außenstehenden als solche bezeichnet werden: Susan Sontag mochte Paul Goodman nicht besonders, doch als er gestorben war, vermisste sie ihn. Robert Crafts Beziehung zu Igor Strawinsky geht weit über Freundschaft hinaus und kann sich nicht an ihre üblichen Grenzen halten. Doch all dies zeigt, wie verschieden und eigenartig die Schicksale der Menschen ineinandergreifen, sodass am Ende einer Beziehung – in diesen Fällen durch den Tod, dieses absurde und unwägbare Ende von so viel Kreativität und Klugheit – zumindest Bedauern steht sowie eine große Bereitschaft, zu verstehen.[182]

Es sollte mehr solcher Bücher geben. Da ist zum Beispiel die Bloomsbury Group; die Freundschaften unter ihren Mitgliedern waren kreativ, nicht zuletzt, indem sie einer höheren Form von Nörgelei Raum gaben. Zu ihrem erweiterten Kreis gehörten Virginia Woolf und ihre Schwester Vanessa Bell, Clive Bell, Roger Fry, Lytton Strachey, am Rande auch John Maynard Keynes und andere, weniger helle Köpfe. Sie waren angeregt von G. E. Moores Ansicht in den *Principia Ethica*, dass die höchsten Werte – die es am meisten wert sind, im Leben verfolgt und verwirklicht zu werden – Schönheit und Freundschaft sind. Sie vereinfachten dies, indem sie sich schöne Freunde zulegten. Auch vor und nach ihnen bildeten befreundete Gruppen ähnliche Cliquen der Kreativität: die Shelleys und Byron in Italien, Picasso, Braque und Apollinaire in Paris zu Beginn des 20. Jahrhunderts, Robert Graves, Siegfried Sassoon und Wilfred Owen auf Erholung in Craiglockhart 1917, der Algonquin Round Table in New York, der Toynbee-Nicolson-Mittagstisch in London. Man könnte viele Beispiele anführen. Nicht jedes Mitglied solcher Gruppen hat Werke von dauerndem Wert geschaffen, doch wenn es einer oder zwei konnten, dann auch wegen der Anregungen und Ermunterungen aus dem Freundeskreis. In solchen Fällen sind Freunde *interlocuteurs valables*, sie bilden eine gute Umgebung, um Dinge auszuprobieren, sie sind das erste Publikum, die ersten Kritiker, die Zuflucht nach einer Niederlage.

Coleridge und Wordsworth sind Beispiele zweier hoch begabter Menschen, die sich früh gegenseitig förderten. Ein anderes Beispiel ist die Paarung T. S. Eliot und Ezra Pound, ohne die es *Das wüste Land* nicht gäbe. Weniger bekannt ist die Tatsache, dass George Eliot nur in jenen zwanzig Jahren Romane schrieb, in denen sie mit G. H. Lewes zusammenlebte. Lewes war ein wirklich begabter Philosoph und Biograf – seine Goethe-Biografie (1855) muss erst noch übertroffen werden und seine *Biographical History of Philosophy [Geschichte der Philosophie von Thales bis Comte]* (1846) hat den Autor dieser Zeilen schon in der Schule inspiriert. Eliot las ihm jeden Abend vor, was sie im Lauf des Tages geschrieben hatte – er war sozusagen ihr Resonanzboden. Als er starb, hörte sie auf, Erzählliteratur zu schreiben, ihr fehlte das sichere Ohr eines solchen Freundes.

Waren Dr. Johnson und Boswell Freunde? Sie waren ungleich in Charakter, Alter und Ansichten, aber es hat etwas Godwin'sches, wie Johnson seinen irritierenden und wissbegierigen kleinen Gefährten brauchte, der seine Zeit der Hurerei widmete und – unterschieden nur durch das Organ – seine Nase in anderer Leute Angelegenheiten steckte. Er schnüffelte zum Beispiel bei Hume herum, als dieser auf dem Totenbett lag, um zu sehen, wie ein Atheist sich seiner Auslöschung stellt. Doch er könnte die Rolle eines Freundes im Leben von Johnson gespielt haben, so wie er dies zweifellos für Johnsons Nachruhm getan hat. Freunde erzählen einander über ihr Leben, ihre Gefühle, Ängste und Hoffnungen. In dieser Hinsicht dienen sie einander als Beichtstuhl. Mit einem Biografen zu sprechen, könnte sich genauso anfühlen, und so entstünde Freundschaft, wenn auch auf einem anderen Weg.

Welche gefühlvollere Klage für einen verlorenen Freund gibt es als Alfred Tennysons *In Memoriam A. H. H.* (1850).[183] Der Freund hieß Arthur Henry Hallam, Tennyson hatte ihn als Student am Trinity College in Cambridge kennengelernt. Hallam war selbst Dichter und ein Freund des Politikers William Ewart Gladstone, mit dem er in Eton gewesen war. Als er und Tennyson einander begegneten, begann sofort eine tiefe Freundschaft, wie zwischen Jonathan und David. Die Bindung zwischen ihnen wurde noch stärker, als sich Hallam in Tennysons Schwester Emily verliebte und die beiden ihre Verlobung planten. Der Tod seines Vaters hatte zur Folge, dass Tennyson Cambridge verlassen musste. Er brauchte Hallams Hilfe bei der Veröffentlichung seiner ersten beiden Gedichtbände. Ihre Pläne für ein gemeinsames Gedichtbuch bekamen keine Chance. Hallam war erst zweiundzwanzig, als er plötzlich an einem Gehirnschlag starb, während er mit seinem Vater in Wien unterwegs war.

Tennyson schreibt, wie er die Straßen entlangging, wo Arthur gelebt hatte, zu der Tür, „where my heart was used to beat/So quickly, waiting for a hand". Überall wo sie einander zu treffen pflegten, war das Licht verschwunden, „For all is dark where thou art not". Er denkt an das Schiff, das Arthurs Leichnam nach Hause bringt, und bittet den Wind, zu schlafen, „as he sleeps now,/My friend, the brother of my love,/My Arthur, whom I shall not see/Till all my widow'd race be run;/Dear as the mother to the son,/more than my brothers are to me". Er denkt von sich selbst als Witwer und fühlt „A void where heart on heart reposed;/ And, where warm hands have prest and closed". Er und „The human-hearted man I loved" gingen auf dem Weg des Lebens „with equal feet"; der Schmerz war halbiert, weil er mit dem Freund geteilt wurde. Tennyson verwendet durchgehend das Wort „Liebe", um ihre gegenseitigen Gefühle zu beschreiben.

Es ist auch Liebe – „the spirit of true love" –, die ihn tröstet, wenn er sich ängstlich vorstellt, dass ihn die Seele seines verlorenen Freundes sündig finden wird, wenn dieser sieht, wie er etwas Unehrenhaftes denkt oder tut: „Thou canst not move me from thy side,/Nor human frailty do me wrong ... So fret not, like an idle girl,/that life is dashed with flecks of sin." Die Mahnung, sich nicht wie ein kleines Mädchen zu benehmen, gibt Anlass zu einem Gleichnis: „My spirit loved an loves him yet/Like some poor girl whose heart is set/On one whose rank exceeds her own."

Tennyson wählt die Metapher der Witwenschaft, um seinen Verlust zu erklären. „Two partners of a married life –/I look'd on these and thougth of thee/In vastness and in mystery,/And of my spirit as of a wife." Er besucht Cambridge, denkt an die gemeinsame Zeit und bezeichnet sich selbst als Patroklos, als Pylades der Beziehung, wenn auch nicht in diesen Worten. Er erinnert sich an Arthurs Wirkung auf andere: „While I, thy nearest, sat apart,/And felt thy triumph was as mine ... Nor mine the sweetness or the skill,/But mine the love that will not tire,/And, born of love, the vague desire/That spurs an imitative will."

Die entsprechenden religiösen Motive des Gedichts – denn es ist auch ein religiöses Gedicht, wenn auch mit religiösen Zweifeln angesichts der Wissenschaft, und mit der Liebe selbst als Mittel zur Erlösung – können die tiefe Trauer, die es ausdrückt, nicht besänftigen. Es heißt, die Hoffnung auf eine Wiedervereinigung nach dem Tode mit jenen, die man verloren hat, halte viele Trauernde aufrecht, die gläubig sind – doch hier findet man wenig davon. Der Verlust eines derart Geliebten scheint untröstlich. In einem späteren Gesang wendet sich Tennyson an einen neuen Freund und sagt, er könne nicht die ganze Liebe auf ihn übertragen, die er für seinen ersten Freund empfunden habe, denn dies war „First love, first friendship, equal powers,/That marry with the virgin heart". Doch kann er nicht für immer ohne Freunde bleiben: „My heart, tho widow'd, may not rest/Quite in the love of what is gone,/but seeks to beat in time with one/That warms another living breast."

Das Gedicht wirft die Frage auf, ob die darin beschriebenen tiefen Gefühle homosozial oder homosexuell waren – die Antwort wäre wahrscheinlich Letzteres. Doch biografische Anhaltspunkte sprechen gegen die textlichen: Hallam liebte Tennysons Schwester, und im Gedicht selbst wird die verlorene Möglichkeit erwähnt, Hallams Söhne auf den Knien zu schaukeln. Die Tatsache, dass Tennyson geheiratet und Kinder bekommen hat (seinen ältesten Sohn nannte er Hallam), ist unerheblich, weil viele homosexuelle und bisexuelle Männer heiraten und Kinder haben. Vor allem sollte man fragen, ob gefühlvolle Äußerungen von Zuneigung ohne ausdrückliche Erwähnung von Homosexualität in jener Zeit nicht doch salonfähiger waren. Es gab keinen Aufschrei unter Tennysons Lesern, wie er sich unter anderen Viktorianern nicht viel später gegen Oscar Wilde erhob.

Wenn wir Tennysons Auffassung von Freundschaft betrachten, erkennen wir, dass sie wesentlich umfassender war als das, was er konventionellerweise zum Ausdruck bringt – „O friendship, equal-poised control,/O heart, with kindliest motion warm" –, die Liebeserklärungen und die feminine Trauerhaltung zeigen ein viel tieferes Gefühl des Verlusts, das zu einer viel stärkeren liebenden Bindung gehört. Manche mögen meinen, diese Freundschaft sei eine Jugendfreundschaft gewesen wie die beschriebenen legendären Beispiele. Hätte Hallam weitergelebt, Emily geheiratet und wäre als Rechtsanwalt erfolgreich gewesen (sogar Tennyson sagte, er wäre kein guter Dichter geworden), wären sie vielleicht dort gelandet, wo die Viktorianer Amys und Amylion gerne sahen: in einem Leben voller Fürsorge.

Das ist ein wichtiger Punkt: Wir stellen uns vor, Jugendfreundschaften seien intensiv, die im mittleren und hohen Alter jedoch abgeklärt, auch wenn sie lange anhalten. Ist das wahr? Nicht unbedingt, allerdings oft, vielleicht meistens. Es würde aus der mehr oder weniger ungestümen, drängenden, eifernden Natur von Jugend oder Alter folgen. Es würde die Einsicht zeigen hinter der Bemerkung: „Als Junger liebte ich Ovid, jetzt, wo ich alt bin, liebe ich Horaz." Anders bei der erotischen Liebe: Sie kann in mittleren und späten Jahren genauso empfunden werden wie in jungen – wenn der Funke überspringt. Entzündet sich die Leidenschaft zwischen älteren Menschen gleichen Alters, wird das kaum weiter beachtet, doch wird es missbilligt, wenn die Partner sehr unterschiedlich alt sind. Nur wenige glauben, dass die Gründe für eine Liebe in solchen Fällen dieselben sind wie sonst auch und dass das Motiv eine reife Vorstellung von ihren besten Möglichkeiten sein könnte. Vielleicht ist das ein Mangel an Fantasie – die aktuellen Konventionen sagen etwas anderes.

Teil 3
ERFAHRUNGEN

Kapitel 8

Ansichten der Freundschaft

Betrachten Sie folgende Thesen: Erstens ist Freundschaft eine der beiden maßgeblichsten Beziehungen, die Menschen eingehen können – die andere ist intime Liebe, auf ihre Weise ein mannigfaltiges und vieldeutiges Phänomen. Zweitens gibt es in einer Freundschaft keine Regeln bezüglich Rechten und Pflichten. Beides zusammen macht uns bewusst, wie komplex die Natur der Freundschaft ist, die nach der erfüllten intimen Beziehung die zweitwichtigste Möglichkeit darstellt, ein gutes Leben zu führen. Die anderen Faktoren – Kreativität, Wissen und Entdeckung, Freude – sollen nicht unterbewertet werden, doch gibt es genügend Gründe zur Annahme, dass sie mehr oder weniger direkt mit Freundschaften in Verbindung stehen, doch darüber später.

Aus diesem Grund gibt es reichhaltige Darstellungen von Freundschaften in den großen geistigen Traditionen der Welt; der erste Teil dieses Buches brachte einen Überblick über einige westliche Beispiele. Zu den verschiedenen Arten von Freundschaft kann man auf verschiedenen Wegen gelangen. Auch wenn sie grundlegende Eigenschaften gemeinsam haben – zumindest in ihren idealisierten Versionen –, zu denen Zuneigung, Sympathie und Loyalität gehören, sind die übrigen Dimensionen teils von den Zeitumständen geprägt, teils von Ort und Kultur und teils von der Individualität der Beteiligten.

Vielleicht ist es mehr als nur Zufall, dass Mengzi (ca. 370–290 v. Chr.) im alten China dasselbe dachte wie Aristoteles im alten Griechenland: dass ein Freund ein „anderes Selbst“ ist. Wenn man jemandem freundschaftlich zugeneigt ist, so beide Denker, bedeutet einem das Gute im anderen genauso viel wie das eigene, wodurch ein befreundetes Paar zu einer Seele in zwei Körpern würde. Wie schon festgestellt, werden die meisten zu Recht denken, das sei übertrieben. Das trifft auch auf jene seltenen mythischen Paare zu, die in der Literatur gefeiert werden: David und Jonathan oder Nisus und Euryalus sind womöglich Beispiele eher romantischer als kameradschaftlicher Liebe. Sie deuten darauf hin, dass Freundschaft mehr sein kann als nur Kameraderie, dass sie aus mehr besteht als nur gemeinsamen Erfahrungen und Vergnügungen – ein gegenseitiges Band, das im besten Fall und zu seiner besten Zeit unterstützend, nachsichtig und beständig ist.

Warum ist das so? Die Antwort findet sich in der Psychologie des menschlichen Zusammenlebens. Menschen sind vor allem soziale Wesen in dem Sinn, dass sie dadurch weitgehend definiert sind. Beziehungen sind nicht nur für das Wohlbefinden wichtig, sondern auch für die Identität beinahe aller Individuen. Ausgesprochen intime Beziehungen gibt es meist nur wenige (beschränkt auf Familie und Liebhaber), sie sind sehr spezifisch und spielen eine besondere Rolle bei der Ausbildung der Individualität. Doch die sozialen Persönlichkeiten – man beachte die Mehrzahl – eines Menschen werden auch geformt durch eine Reihe allgemeinerer Freundschaften, insbesondere in der Jugend.

Freundschaften können auf verschiedene Weise formen. Oft nimmt man Bezug auf den Einfluss Gleichaltriger, der in der Jugend besonders deutlich wird. Doch es ist wichtig, die Idee der Freundschaft nicht auf Menschen zu beschränken, die zur selben Zeit leben, auch wenn das die größte Gruppe ist. Man kann mit Autoren befreundet sein, die bereits lange tot sind, mit Personen in Büchern, mit historischen Figuren, sogar mit Tieren – meist Schoßhunden, Katzen oder Pferden. Welche Arten von Freundschaft – auch außergewöhnliche – jemand im Lauf der Zeit gepflegt hat, ist ein geeignetes Mittel zu erfahren, was für ein Mensch er oder sie ist.

Es bleibt das grundlegende Bedürfnis zu herauszufinden, was „Freundschaft“ eigentlich bedeutet. Doch allein die Vielfalt und die Abstufungen von Beziehungen, die diesen Namen verdienen, machen dieses Unterfangen äußerst schwer – denkt man an Überschneidungen mit anderen Arten von Beziehungen und verschiedenste Übergangsformen zu Beziehungen, die eher anders gesehen werden. Zumindest die wichtigsten Varianten glaubt man zu verstehen, doch auch das ist nur teilweise richtig: Denn es besteht die Gefahr, an Klischees hängen zu bleiben, wie richtig und aufschlussreich diese auch sein mögen.

Wenn wir uns trotzdem für einen Moment auf diesen Weg begeben, erkennen wir, dass sowohl die eigenen Erkenntnisse als auch die in den philosophischen und literarischen Erörterungen angebotenen Modelle einiges gemeinsam haben – zumindest dort, wo sie auf dem Boden bleiben: Demnach ist ein Freund jemand, den man mag, der die eigene Zuneigung und Fürsorge erwidert; der einige der eigenen Interessen und Einstellungen teilt; der gibt, wenn er gebeten wird, aber auch, wenn er nicht gebeten wird; der versteht oder zu verstehen versucht, ohne allzu sehr zu urteilen; der loyal und beständig ist, sich über Glück freut und im Unglück unterstützt; der unangenehme Wahrheiten ebenso ausspricht wie angenehme Unwahrheiten; dessen Zuneigung frei gegeben wird, nicht im Tausch für irgendwelche Dienste, berufliche Beförderung oder andere Vorteile; und der von der treuherzigen und korrekten Annahme ausgeht, dass alle Ansprüche, Erwartungen, Rechte und Pflichten dieser grundlegenden und wertvollen Bindung auf Gegenseitigkeit beruhen.

Gegenseitigkeit ist unerlässlich. Dies bezieht sich in erster Linie auf Freundschaften zwischen lebenden Personen, doch indirekt gilt es auch für Freundschaften etwa mit Autoren oder literarischen Figuren aus Büchern, die man sehr schätzt. Es gibt tatsächlich auch darin eine Art von Gegenseitigkeit: Man bekommt etwas – das kann sogar sehr viel sein – von einem Buch, dessen bedächtige und aufmerksame Lektüre sich (wie wir sagen) „bezahlt macht".

Doch an dieser Stelle geht es um Gegenseitigkeit zwischen Menschen. Ist nur eine Seite gebend und die andere nehmend, was Aufmerksamkeit, Freundlichkeit, Zuneigung und Unterstützung betrifft, sollte man die Beziehung besser anders beschreiben, als Kunden-Lieferanten-Verhältnis (zwischen nicht verwandten Individuen) oder als Verwandtschaftsverhältnis, wie es typisch ist über die Generationen hinweg, zwischen Eltern und Kindern.

Elternschaft ist vielleicht die wichtigste menschliche Beziehung, besonders die Beziehung einer Mutter zu ihrem kleinen Kind – eine sehr ungleiche Beziehung, auch wenn eine gewisse Gegenseitigkeit vorhanden ist: Das Kind liebt seine Mutter, es braucht sie und ist von ihr abhängig, was der Mutter ein tiefes Gefühl des Selbstwerts und der Befriedigung vermitteln kann. Doch sogar bei diesen Beziehungen gehört Freundschaft letztendlich zu den Zielen, wenn sie sich erfolgreich entwickeln. Geht man davon aus, dass Freunde unabhängige Partner sind, dann bedeutet Freundschaft mit dem eigenen Nachwuchs, dass man sein Ziel erreicht hat, ihnen in die Freiheit hinauszuhelfen.

Man kann nicht über Freundschaft reden, ohne auf das Thema Liebe zu kommen – Liebe in ihren verschiedenen Erscheinungsformen, doch Liebe vor allem im Sinne von *storge, pragma* und *ludus*, wie die Antike unterschied. *Storge* ist die natürliche Zuneigung verwandtschaftlicher Bande, *pragma* die Bindung, die aus Kameradschaft und gemeinsamen Interessen entsteht, *ludus* die leichte und spielerische Kameraderie. Manche sind der Ansicht, es würde die Auffassung von Freundschaft nur wenig strapazieren, wenn man dieser Liste noch die *agape* hinzufügt, die wohlwollende Zuwendung für die Mitmenschen im Allgemeinen. In den ersten drei Fällen können wir von Zuneigung und Wärme sprechen wie bei der Liebe, unterscheiden sie aber vom *eros* in seiner ausdrücklich sexuellen Bedeutung und von dem, was die Griechen *mania* nannten und wir heute als romantische Liebe oder (weniger würdevoll) als Verliebtheit bezeichnen. Denn wir unterscheiden diese Letzteren von den Formen interpersoneller Bindungen, die nicht ausschließlich auf sexueller Anziehung und Begehren gründen.

Bekanntlich werden Freundschaften zwischen den Geschlechtern kompliziert, wenn Sex im Spiel ist. Wie wir vielfach gesehen haben, wird so manche homoerotische Liebe historisch in Form einer Freundschaft dargestellt. Wenn zu einer heterosexuellen Freundschaft sexuelle Elemente kommen, ändern sozial konstruierte Einstellungen zum Sex die ursprüngliche Einschätzung der Beziehung. Zumindest ordnen wir sie psychologisch anders ein, um sie dem Ort anzupassen, an den sie jetzt physiologisch gehört – auch wenn die Freundschaft erhalten bleibt und die sexuellen Aktivitäten wieder beendet werden. Ein enttäuschter Möchtegern-Liebhaber hört in diesem Zusammenhang die Worte „ich mag dich als Freund" nicht gern, weil sie eben bedeuten, dass die vom anderen gewünschte Beziehung bestenfalls zur Gefühlsfamilie von *pragma* bis *ludus* gehört und nicht im Geringsten zu der von *eros* bis *mania*.

Die Frage der Freundschaft zwischen Personen unterschiedlichen Geschlechts ist faszinierend. Können geschlechtsübergreifende Freundschaften genauso funktionieren wie nicht sexuelle gleichgeschlechtliche? Skeptiker neigen zu der Ansicht, dass es so etwas nur vor und nach dem Lebensabschnitt des Liebeswerbens möglich ist, also vor dem Beginn der Pubertät und dann wieder ab dem mittleren Lebensalter. Doch die Fakten widersprechen den Skeptikern, schließlich können die meisten von uns offensichtliche Fälle von Männern und Frauen aufzählen, die sich einer nicht sexuellen Freundschaft erfreuen.

Die wirkliche Frage hier ist vielleicht nicht, ob solche Freundschaften möglich sind, sondern, bis zu welchem Grad sie gleichgeschlechtlichen, nicht sexuellen Freundschaften ähneln. Manche werden sagen, dass unterschiedliche Perspektiven und Erfahrungen bei verschiedenen Geschlechtern dazu führen, dass Freundschaften über Geschlechtergrenzen hinweg anders sind als gleichgeschlechtliche – was solche Freundschaften umso wertvoller macht. Doch es wäre auf jeden Fall Freundschaft und – um es zu wiederholen – Freundschaft hat viele Formen.

Diese Binsenweisheit birgt sowohl ein Problem als auch eine Möglichkeit. Die große Vielfalt der Formen persönlicher Verbindungen unter dem Namen Freundschaft hat je nach den Umständen verschiedene Eigenschaften und unterschiedliche Stärken. Die Selbstwahrnehmung einer Person unterliegt verschiedensten Einflüssen, nicht zuletzt von jenen Menschen, denen sie ihr Vertrauen schenkt, weil sie sie mag, ihnen vertraut und sich für sie interessiert. In Wahrheit birgt jedes Individuum eine Pluralität in sich und zeigt sich in verschiedenen Umgebungen anders: einer der wichtigsten Gründe, warum es unschätzbar ist, verschiedene Freunde zu haben.

Keine einzelne andere Person kann alle eigenen Bedürfnisse und Interessen befriedigen. Genau dies vereitelt jedoch jede eindeutige Definition von Freundschaft. Es gibt die Möglichkeit, Freundschaft anhand von Beispielen zu erklären, sodass man aus einzelnen Fallstudien verschiedene Aspekte beleuchten kann. Dann wird hinter den Unterschieden einer der höchsten Werte erkennbar, die das Leben lebenswert machen. Deshalb müssen wir die abstrakten Darstellungen der Philosophen hinter uns lassen und uns den Autoren von Mythen und Geschichten zuwenden – und ihrer persönlichen Form, den Biografien. Nur so können wir einzelne Steine im Mosaik erkennen und dann zurücktreten, um das Ganze ins Auge zu fassen, um die Wahrheit zu erkennen.

Kapitel 9

Untersuchungen der Freundschaft

Das vorliegende Buch ist eine Untersuchung der *Idee* der Freundschaft, wie sie uns die Erörterungen und Beschreibungen in den Quellen bieten. Wir haben gesehen, dass alle Darstellungen und Überlegungen darauf hinauslaufen, dass Freundschaft ein hohes Gut ist, ja eines der höchsten, die wir erlangen können. Diesen Anspruch müssen wir nun einlösen. Doch vorher müssen wir noch einige Fragen beantworten.

Wir sagen, Freundschaft sei ein hohes Gut, und sowohl philosophische wie literarische Darstellungen haben uns eine Reihe von Gründen geliefert, warum – wir wollen sie untersuchen.

Wir glauben zu verstehen, was die Philosophen meinen, wenn sie sagen, dass Freundschaft ein Gut in sich selbst sei – aus keinem anderen Grund, als dass sie eben gut ist, also auch nicht wegen der guten Dinge, die sie für uns bewirkt und deren Erwähnung die abstoßende Idee der Instrumentalisierung mit sich bringt. Beispiele unehrlicher, scheinheiliger, betrügerischer Fälle „falscher Freundschaft“ haben dieser einen besonders schlechten Ruf verschafft, weil sie das Vertrauen ausnützt, das zu einer Freundschaft gehört. Freundschaften können in vieler Hinsicht nützlich sein, ohne dass sie scheinheilig oder betrügerisch wären. Sie können aus gegenseitiger Hilfe entstehen und tun dies auch oft, und sie bereichern den Vorrat an persönlichen Beziehungen. In der Lebenspraxis kann man sich kaum vorstellen, wie Freundschaft anders beschrieben werden sollte als durch Austausch – normalerweise von einer sehr guten und angenehmen Art. Dieser bringt den Beteiligten im Lauf ihrer Freundschaft zumindest Freude, Trost und Glück. Ein Purist (Kant, oder Aristoteles, wenn er an die höchste Form in seiner Hierarchie der Freundschaften denkt) würde wahrscheinlich herunterspielen, was Freundschaft den Menschen in der Praxis bedeutet.

Wir sollten die Frage „Warum ist Freundschaft gut und wertvoll?“ ohne Zögern beantworten, indem wir die Freude, den Spaß, den Nutzen und die Vorteile auflisten, die aus der starken Anziehung zwischen Menschen entstehen, die an beiderseitigem Wohlergehen und Vorteil interessiert sind und sich deshalb gegenseitig helfen. Alle diese Dinge sind ebenfalls gut, sie bereichern unsere Lebenserfahrungen, doch natürlich ist da mehr. Wir sagen, dass Freunde Dinge teilen: nicht nur die Freude, sondern auch Wissen und Erfahrungen, Bürden und Schwierigkeiten. Letztere zeigen, dass Trost, Zuspruch und Sympathie in Krisenzeiten zutiefst wertvolle Gaben der Freundschaft sind. Trotzdem sucht niemand deswegen einen Freund – wir sagen uns nicht: „Ich muss mir einige Freunde zulegen für den Fall, dass ich in Zukunft einmal unter Kummer oder Krankheit leide und sie brauchen könnte.“ Das ist nicht das Motiv, Freunde zu gewinnen, wahrscheinlich denken wir darüber nicht einmal nach, wenn wir Freundschaften schließen – doch dafür ist es großartig, wenn man sie hat.

Wird das Gespräch über „Geteiltes“ sentimental, geht es meist um gemeinsame Erfahrungen – eine Zeitschrift würde wohl von Lachen und Weinen, Urlaub oder Geheimnissen erzählen –, doch es geht kaum darum, etwa das eigene Einkommen oder die Ehefrau zu teilen. In der Antike konnte es durchaus zum Teilen gehören, das Eigentum mit Freunden zu teilen, sogar ihr Schicksal – zum Beispiel, mit ihnen ins Exil zu gehen. Heute, wo unser soziales Gefüge und unsere Konventionen so viel komplizierter und fixierter sind, fällt das Teilen schwerer. Es geht nicht bloß darum, den Mantel mit dem Freund zu teilen, wenn es auf einem Feldzug regnet oder kalt ist. Die Pflicht gegenüber der eigenen Familie stellt das Teilen des persönlichen Einkommens mit jemandem außerhalb der Familie infrage, auch wenn es sich um einen sehr lieben Freund handelt. Hilft man heute einem Freund bei der Karriere, riecht das weniger nach Freundschaft denn nach Korruption. Gern nehmen wir die Hilfe eines Freundes an, wenn wir die Küche neu verfliesen, ein Blumenbeet umgraben, ein Auto von der Straße schieben, Kekse für die Kinderparty backen und Ähnliches.

Eine Freundschaft, die Veränderungen im sozialen Kontext überdauert hat, ist auch eine Quelle für Handlungsanleitungen und Verhaltenskorrekturen. Ein loyaler Freund, dem man vertraut, kann uns sagen, wenn wir irren, uns mahnen oder beraten, er kann eine Vorgangsweise vorschlagen, wenn wir in einem Dilemma stecken, er kann für uns einstehen oder etwas für uns tun, wenn wir einen Verbündeten brauchen. Er kann uns notfalls auch freundlich belügen, wenn wir Bestätigung oder Beruhigung brauchen.

Wenn man sich jemanden vorstellt, der keine Freunde hat, sieht man, was passieren kann: Wie ein vernachlässigter Garten kann ein Mensch verwildern – auch im wörtlichen Sinn: schmutzig und ungepflegt, unsozial und introvertiert, nach einiger Zeit exzentrisch oder halb verrückt. Sozialer Umgang macht Menschen – auch im wörtlichen Sinn – sauber und einigermaßen höflich, gesund und umgänglich. Um wie viel besser noch läuft es für Menschen, die von Freunden unterstützt werden und nicht in der Leere der Freundeslosigkeit leben müssen.

Dies sind einige der Vorteile von Freundschaft, doch sie hat auch negative Seiten und birgt Gefahren. Der Beginn einer Freundschaft bedeutet auch Trauer, genauso wie bei der Liebe. Irgendwann wird einer der Partner den anderen verlieren (außer sie stürzen gemeinsam mit dem Flugzeug ab) – durch Tod, durch Trennung, durch allmähliche Entfremdung, wenn sich Menschen und Umstände ändern. Die Entfremdung kann wechselseitig sein, fast unbemerkt, und ist dann kein großer Anlass für Kummer. Im Gegensatz dazu verursachen Tod, Streit oder Betrug Leid und Verletzung. Ein Freund hat Krebs, verfällt im Verlauf zahlreicher Operationen und der Chemotherapie und stirbt schließlich unter den Augen des Freundes: Diese Last nehmen wir freiwillig und aktiv auf uns, aus Liebe zu ihr oder zu ihm, doch diese Freiwilligkeit macht den Verlust nicht weniger schmerzhaft.

Der heftige Schmerz einer betrogenen Freundschaft hat einen ganz besonderen Charakter. Allzu oft sind Betrug oder bitterer Streit die

Ursache von Feindseligkeiten. Dann wird aus Freundschaft Feindschaft, Freunde werden zu Feinden. Noch schlimmer wird es, wenn die früheren Freunde nach wie vor in Verbindung stehen, etwa über gemeinsame Freunde, die Mitgliedschaft im selben Tennisclub, die Zusammenarbeit in Firma oder Schule – solche Komplikationen können vielfältig sein.

Manche Freundschaften werden dadurch ruiniert, dass Sex ins Spiel kommt. Manche können dadurch auch wachsen, ob als „Freundschaft mit Zusatznutzen" oder weil sie sich nun zu einer romantischen oder ehelichen Beziehung entwickeln. Im ersten Fall liefern sie eine positive Antwort auf die Frage, ob Freundschaften auch sexuell sein können. Beispiele für die letzteren Fälle sprechen nicht unbedingt dagegen.

Manche, darunter auch christliche Denker, glauben, dass Freundschaft kein Gut ist, weil sie bevorzugt und ausschließt. Hat man einen Freund, interessiert und kümmert man sich weniger um die Mitmenschen. Ein unverhältnismäßig großer Teil der eigenen Ressourcen, ob Zeit oder Geld, wird Freunden gewidmet, Ressourcen, die mit anderen gerechter geteilt werden könnten. Indem man die Interessen eines Freundes über die von anderen stellt, werden diese ungerechterweise benachteiligt.

Freundschaft birgt natürlich auch große Gefahren. Eine der Gefahren entsteht aus der erwähnten Parteilichkeit. Dabei geht es nicht nur darum, dass man andere ungerecht behandelt, auch das eigene Urteil könnte verzerrt sein. Vielleicht handelt man unrecht im Namen der Freundschaft, erteilt schlechten Rat, verletzt moralische Imperative oder bricht das Gesetz und hilft einem Freund, etwas Schlechtes zu tun oder andere zu übervorteilen. Hier braucht es ein gutes Gespür dafür, was würdig und was unwürdig ist. Dabei kommen allgemeinere ethische Betrachtungen ins Spiel, die jetzt einen zusätzlichen Sinn erhalten: Denn Klarheit in dieser Hinsicht macht einen selbst zum besseren Freund seiner Freunde.

Eine negative Seite der Freundschaft tut sich also auf, wenn man ein schlechter Freund ist. Auf andere Art ein schlechter Freund ist, wer zu unüberlegten Handlungen neigt, die auch den eigenen Freunden schaden. Timon von Athen war ein solcher schlechter Freund, weil er unangemessen handelte, zuerst übertrieben großzügig, dann, indem er ins Gegenteil verfiel und menschenfeindlich wurde, obwohl nur einige wenige undankbar gewesen waren und die Verbundenheit verraten hatten, die er durch seine Großzügigkeit erreicht zu haben glaubte.

Durch die Versuchung, allzu parteiisch und großzügig zu sein und damit die berechtigten Ansprüche anderer zu vernachlässigen, kann Freundschaft in Widerspruch zu Dingen geraten, die als gut angesehen werden. Die Alten lehrten Mäßigung in allen Dingen – „nichts im Übermaß“ war eine der Verfügungen des Orakels von Delphi. Wenn dies auch für Freundschaft gilt, dann sollten wir Freunde nicht zu sehr lieben, ihnen nicht zu viel Zeit und Geld widmen und Ähnliches. Doch passt die Idee, nicht „zu sehr“ Freund zu sein, zur Selbstlosigkeit, die Freundschaft manchmal erfordert, zur uneingeschränkten Hilfe, wenn sie einmal gebraucht wird, zu einem Engagement aus ganzem Herzen? Die Ethik des Aristoteles schreibt den „mittleren Weg“ vor und weist allen Tugenden einen Platz zwischen entgegengesetzten Lastern zu – Großzügigkeit zwischen Geiz und Verschwendung, Mut zwischen Feigheit und Leichtsinn usw. Sollte man die Tugenden der Freundschaft kalibrieren zwischen den Lastern der Feindschaft und – vermutlich – sklavischer Verehrung? So gesehen wohl ja, denn sklavische Verehrung läge wahrscheinlich gar nicht im Interesse eines Freundes. Und „kalibrieren“ ist vielleicht auch das falsche Wort, „beurteilen“ wäre besser. Wir tun gut daran zu beurteilen, ob ein Freund Hilfe braucht oder Rat, Ermahnung oder vorbehaltlose Bestätigung, Zuneigung, Sympathie oder Alleinsein usw.

Es ist also ratsam, die Vernunft zu befragen, wenn es darum geht zu entscheiden, was in den verschiedenen Interessenlagen und unterschiedlichen Umständen von Freundschaft angemessen ist. Die wichtigere Aufgabe der Vernunft in der Freundschaft betrifft jedoch ein anderes Paar von Lastern: auf der einen Seite kühle Rationalität, die genau bemisst, wie viel Engagement und Aktivität man Freunden widmet, auf der anderen Seite die Irrationalität aufgrund übergroßer Voreingenommenheit für Freunde. Dies wurde schon angedeutet, doch wichtig ist auch ein allgemeinerer Punkt: Es gibt zwar Gutes, das nicht rational ist (etwa angenehme Empfindungen), doch hat Irrationalität selbst nie etwas Gutes. Wenn Freundschaft die eigene Urteilskraft so sehr blendet, dass man irrational handelt, dann schadet sie. Und dies passiert durchaus oft: zum Beispiel bei einer Gruppe von Kumpels, die zusammen trinken gehen, zu viel erwischen und sich in der folgenden Ausgelassenheit gegenseitig zu Dummheiten anstiften, vielleicht sogar riskanten (auf eine Mauer klettern, um darauf herumzutaumeln, über Gleise laufen), mit möglicherweise tragischen Folgen.

Wir müssen auch auf die Formel vom „anderen Selbst" noch einmal zu sprechen kommen – Aristoteles erwähnt sie zwar nur nebenbei, doch viele haben sich seither darauf gestürzt. Es gibt eine metaphorische Bedeutung, die ausnahmslos gilt. Ich glaube, Montaignes wunderschöne Gedenkschrift für seinen Freund Étienne de la Boétie benutzt die Idee vom Verschmelzen zweier Selbste, um die Eintracht von Ansichten und Interessen zu unterstreichen – im gegenseitigen Einverständnis. Es geht ihm nicht um den Verlust des Selbst im anderen oder das Eintauchen von zwei Identitäten in eine gemeinsame. Denn dadurch würde vieles geleugnet, was an der Freundschaft gut und wichtig ist.

Wir erkennen dies am besten, wenn wir uns vor Augen führen, dass Autonomie und Selbstbestimmung, Aufbau und Pflege einer persönlichen Identität für uns in sich selbst gut sind. Diese Dinge in einem anderen zu schätzen, heißt, ein Freund zu sein. Die Autonomie eines anderen zu achten und ihm oder ihr in wichtigen Angelegenheiten die letzte Entscheidung oder Wahl zu lassen, heißt, ein guter Freund zu sein. Wollte man dieses Getrenntsein leugnen oder aufheben, würde man das Gut der Individualität aus den Augen verlieren. Tatsächlich ist die Idee von zwei oder mehr Individuen, die sich in ihren Unterschieden auf interessante Weise ergänzen, die sich gegenseitig respektieren und ihre Unterschiede annehmen, tolerieren, bewundern und achten, der wahre Inhalt einer reifen Freundschaft.

Die Idee des Getrenntseins, das gegenseitige Ergänzung ermöglicht, wird in den idealisierten klassischen Darstellungen der Antike nicht nur angedeutet, sondern konkret beschrieben. Nehmen wir das Beispiel von Nisus und Euryalus – beide waren jung, doch Euryalus wesentlich jünger. Nisus stand im Ruf eines erprobten Kriegers – *acerrimus armis*, sehr schnell mit den Waffen. Euryalus, weniger erprobt als Nisus, war ein bartloser Jüngling, schön und seinem heldenhaften älteren Partner ergeben. Sie bilden ein typisches Paar, das sich gegenseitig ergänzt. Sie lieben einander vielleicht sogar so sehr, dass sie ihr Leben füreinander geben würden; sie sind unzertrennlich und unternehmen alles gemeinsam. Nisus ist (wie der Wettlauf zeigt) bereit, für seinen Freund auch unrecht zu tun – etwas, was ein strenger Theoretiker der Freundschaft missbilligen würde. Doch sie sind keine Zwillinge gemäß der Idee, die sich aus der Formel vom „anderen Selbst" entwickelt hat: dass Zwillinge exemplarisch dafür stehen, was Freunde sein sollten – identisch wie Zwillinge, die oft (vor allem in der Jugend) wie zwei Hälften einer einzigen Person wirken.

Die Idee vom „anderen Selbst" widerspricht noch einer anderen Wunschvorstellung idealer Freundschaft: dass Freunde in der Freundschaft uneigennützig sein sollten und nicht eigennützig. Doch wenn sie nur ein einziges Selbst bilden, dann ist alles, was sie für den anderen tun, *ipso facto* für sich selbst getan. Uneigennutz ist dann Eigennutz: Man handelt nicht für den Freund, sondern für sich selbst. Wenn, wie hier, ein Argument sich selbst ad absurdum führt, erkennt man, dass es so nicht gemeint sein kann. Die Absurdität ist das Ergebnis davon, dass man die Formel vom „anderen Selbst" zu wörtlich genommen hat. Die Idee einer Bindung, vom Teilen und Geben, von Gegenseitigkeit gründet auf der Vorstellung von einer Dualität, mehr noch: Es ist wesentlich für eine Freundschaft, dass sie eine Beziehung zwischen „Anderen" ist.

Kapitel 10

Die beiden Thesen

Am Beginn von Kapitel 8 wurde festgestellt, dass es zwei geläufige Thesen über Freundschaft gibt: Erstens ist Freundschaft eine der beiden maßgeblichsten Beziehungen, die Menschen eingehen können – die andere ist intime Liebe, auf ihre Weise ein mannigfaltiges und vieldeutiges Phänomen. Zweitens gibt es in einer Freundschaft keine Regeln bezüglich Rechten und Pflichten.

Das Nachdenken über diese Thesen führt zu zwei überraschenden Erkenntnissen: dass es eine ethische Verpflichtung gibt, Freundschaft aktiv zu suchen, und dass Freundschaft ein erstrebenswertes Ziel für alle Beziehungen ist und diese übertrifft.

Denkt man über die Natur eines guten und erfüllten Lebens nach, hat man ein gedeihendes Leben vor Augen: Es fühlt sich gut an, weil es sich um die Verwirklichung lohnender Ziele bemüht – was in sich selbst befriedigend ist –, und weil es im Wesentlichen positiv wirkt auf die anderen, denen man verantwortlich ist – was im Endeffekt die gesamte Menschheit sein kann, ja der ganze Planet. Wenn nun Freundschaft in einem solchen Leben ein hohes Gut ist und wir mit Aristoteles einer Meinung sind – ich glaube, wir müssen das sein –, dass ohne sie ein gutes Leben unmöglich wäre, dann ist es unsere Pflicht uns selbst und anderen gegenüber, dass wir Freunde sind, dass wir Freunde haben, dass wir Freundschaft fördern, dass wir darüber nachdenken und uns für sie entscheiden, sie behüten und pflegen. So, wie wir wertvolle Dinge ins Auge fassen und sie für unser Leben auswählen, so müssen wir auch Freundschaften ins Auge fassen und auswählen.

Dies veranlasst uns, darüber nachzudenken, wie man ein Freund sein kann, und ebenso, was wir von einer Freundschaft erwarten und daher von unseren Freunden. Wichtig ist hier, zu bedenken: Kein Mensch wird je alle Interessen, Wünsche und Bedürfnisse eines anderen erfüllen. Wenn man das Glück hat, eine erwiderte Liebesbeziehung mit einem wunderbaren Anderen zu haben, braucht man immer noch Freunde und Kollegen, Bekannte und dauerhafte Beziehungen mit Familienmitgliedern. Die meisten Menschen können mehr als einem Menschen Liebe schenken und von ihm empfangen, die meisten Menschen brauchen das auch. Daher ist mehr als nur eine Freundschaft notwendig, auch wenn wir einen speziellen Freund haben, der uns am nächsten steht, der der eigenen ungeschminkten Identität am nächsten kommt, bei dem man sich seines Bedürfnisses nach Austausch mit einem anderen besonders bewusst ist.

Familie, Bekannte und Arbeitskollegen können den weniger anspruchsvollen Bereich des sozialen Austausches abdecken, sodass nur einer oder sehr wenige Zugänge bleiben für besondere Freunde – „wahre" Freunde, wie man zur Unterscheidung sagt, die Zugang haben zu psychischen Orten, an die die anderen nicht gelangen können.

Der Ausdruck „wahrer Freund" bedeutet noch etwas anderes. Es gibt echte Freunde, die einem näher stehen, mehr Rechte haben als Bekannte, und mit denen die Verbindung trotzdem begrenzt ist. Die Frömmelei, mit der manche sagen, es gebe bei gegenseitiger oder gar einseitiger Nützlichkeit „keine wahre Freundschaft" (wieder der „No true Scotsman"), ist nichts weiter als das: Frömmelei. Es gibt keinen Grund, warum gegenseitig oder auch einseitig nützliche Freunde nicht Freunde sein können und sich auch dafür halten (fast immer haben ohnehin beide etwas davon). Wir unterscheiden zwischen Freundschaften jeglicher Färbung und Beziehungen, in denen unter anderem Heuchelei, Betrug und Unaufrichtigkeit die Verbindung motivieren. Wenn „A und B sind Freunde" eine wahre Aussage ist, dann sind *per definitionem* Heuchelei, Betrug oder Unaufrichtigkeit nicht im Spiel. Wenn sich eine solche Beziehung zu einer „wahren Freundschaft" entwickelt – also wesentlich enger wird, wobei der Aspekt der Nützlichkeit für die Freundschaft nicht mehr wichtig ist, auch wenn es ihn noch gibt –, wäre das vorher keine Freundschaft gewesen? Es ist kühn zu behaupten, dass eine Freundschaft nur dann eine ist, wenn sie in einem reinen, nicht utilitaristischen Moment vollkommener Gleichheit beginnt. Das tun nicht alle, vielleicht nicht einmal viele.

Erinnern wir uns daran, dass „Ethik“ und „Moral“ verschiedene Bedeutungen haben. Die Moral ist Teil der Ethik, diese ein umfassenderer Begriff. Ethik antwortet auf die Frage: „Welche Art von Person sollte ich sein und wie sollte ich mein Leben leben?“ Moral hingegen antwortet auf die Frage: „Was sind meine Pflichten und meine Verantwortung gegenüber anderen (und vielleicht in mancher Hinsicht auch mir selbst gegenüber)?“ Die eigene Moral ergibt sich aus der eigenen Ethik und beeinflusst diese, doch ist sie enger gefasst. Als wesentlicher Bestandteil des Guten in einem guten Leben gehört Freundschaft daher in den Bereich der Ethik. Dies bedeutet nicht nur, dass ein gutes Leben Freundschaft braucht, sondern auch, dass zwei der wichtigsten Aufgaben sind, darüber nachzudenken, wie man seinen Freunden und anderen ein guter Freund sein kann und wie man einen guten Freund erkennt. Einerseits ist man also ein aktiver Freund, andererseits passiv befreundet. Es gehört zur „wahren Freundschaft“, dass beide Seiten beides füreinander sind – die Bedingung der Gegenseitigkeit –, doch es wäre ein Fehler, reine Symmetrie oder Gleichheit zu verlangen, denn zu verschiedenen Zeiten und auf verschiedenen Wegen werden beide Seiten zweifellos beides füreinander sein – in unterschiedlichem Ausmaß.

Es gibt einen interessanten Aspekt bei der Idee, ein Freund zu sein – im aktiven Sinn –, bei dem dies verallgemeinert werden kann. Aus den Beispielen des ersten Teils dieses Buches ging hervor, dass *agape* keine Freundschaft ist, weil sie nicht einen oder einige wenige Menschen gegenüber anderen bevorzugt, sondern universell sein soll. Dies ist das Ideal christlicher Nächstenliebe (lateinisch *caritas*, griechisch *agape*). Es wirft ein bezeichnendes Licht auf die Menschheit und ihre Institutionen, dass diese Worte und die damit verbundenen wunderbaren Ideen

Anlass gaben zu dem englischen Wort „as cold as charity" [„so kalt wie Nächstenliebe"]. Daher kommt der Gedanke, „ein wahrer Freund zu sein" beruhe *notwendigerweise* auf Wechselseitigkeit und Gegenseitigkeit, „ein Freund zu sein" hingegen nicht. Wenn wir sagen, der gute Samariter sei „ein Freund" jenes Mannes, der unter die Räuber gefallen war, wäre diese Bezeichnung gerechtfertigt. Der Samariter erfüllt die Funktion eines Freundes sogar sehr gut, denn er nimmt diese Rolle für jemanden ein, der ihn braucht – und für jeden anderen auch, wenn auch nur vorübergehend, für einen Moment.[184]

Die Verpflichtung, sich für Menschenrechte einzusetzen, für soziale Gerechtigkeit, für die Befreiung des menschlichen Geistes und der Menschen selbst, für tolerante, großzügige und humane, legale und soziale Regelungen, für Wohltätigkeit, wäre aus dieser Sicht die notwendige Konsequenz, wenn man ein Menschenfreund sein will. Ich würde sogar noch weiter gehen und sagen: Warum kann man nicht ein Tierfreund sein und sich gegen Tierfabriken und andere Formen von Grausamkeit wenden, oder ein Freund der Umwelt und durch sie des Schutzes zukünftiger Generationen? Der Begriff wird damit nicht im Geringsten überstrapaziert. Es geht ausschließlich um die allgemeine Idee, ein Freund von X zu sein, wer oder was auch immer X ist – mit besonderen Vorstellungen von Anteilnahme, Sympathie, Interesse oder Einsatz zur Unterstützung einer bestimmten Person oder Sache, einschließlich der Bereitschaft, etwas von sich selbst oder der eigenen Bequemlichkeit zu opfern.

Es steht außer Frage, dass das aktiv-freundschaftliche Engagement für solche allgemeinen Zwecke zur Lebenszufriedenheit beiträgt. Einfach gesagt: Es fühlt sich gut an, Gutes zu tun. Als ethisches Ideal verdient Freundschaft, auch in diesem breiten Sinn verstanden zu werden, im Einklang mit dem Universalismus vieler ethischer Positionen (darunter besonders auch Buddhismus oder Jainismus).

Gleichzeitig besteht die zentrale Auffassung von Freundschaft weiterhin in der engen gegenseitigen Verbindung zwischen zwei oder sehr wenigen Menschen. Es ist nicht schwer, sich vorzustellen was es heißt, etwa ein Freund der Umwelt zu sein. Persönliche Freundschaft jedoch verlangt viel mehr Überlegung, sie erfordert einiges an Wissen und Verständnis – zwei verschiedene Dinge – für den anderen, damit man ein aktiver Freund sein kann.

Man muss sich bewusst sein, was das bedeutet, und zwar nicht in einem engen oder berechnenden Sinn. Um einen Freund anzunehmen, ihn zu tolerieren und mit ihm zu sympathisieren, muss man seine Fehler und Hoffnungen verstehen – auch die unrealistischen –, man muss bereit sein, mit ihnen umzugehen, genauso wie man hofft, dass ein Freund mit den eigenen Fehlern und Hoffnungen umgehen kann.

Es wurde schon vielfach formuliert, dass wir unsere Freunde nicht für das lieben, was sie erreicht haben, sondern (zumindest teilweise) für das, was sie erreichen wollen. Aufrichtige Ambitionen sagen viel über Menschen aus, genauso ihre Bemühungen, und auch, wenn sie nicht ganz erreichen, was sie anstreben, kann man ihre Wünsche schätzen, sie für das lieben, was sie versuchen.

Der zweite oben angekündigte überraschende Gedanke ist, dass Freundschaft ein erstrebenswertes Ziel für alle Beziehungen ist und diese übertrifft. Damit meine ich, wenn Freundschaft ein so hoher Wert ist – und alle Darstellungen und Überlegungen laufen darauf hinaus –, dann ist sie der oberste Maßstab, sie bestimmt also, was und wie wir etwas bewerten sollen, das zu ihr führt oder in ihr mündet. Anders und tendenziöser gesagt: Der hohe Wert der Freundschaft bringt es mit sich, dass alle Regeln und Zwänge, die sie behindern oder stören, falsch sind. Und davon gibt es in unserer Gesellschaft viele, und es hat sie auch im Lauf der Geschichte immer gegeben, wenn auch nicht immer dieselben.

Als *advocatus diaboli* treibe ich den Punkt auf die Spitze und stelle Folgendes zur Diskussion: Eine Konstante unter den Hindernissen für eine Freundschaft ist Sex. In nahezu allen Gesellschaften steht Sex unter Kontrolle, mit strengen Sitten, Moral und Gesetzen, die regeln, wann, wo, mit wem und unter welchen Umständen Sex stattfinden kann. Monogame sexuelle Treue ist die Norm in christlichen und jüdischen Gesellschaften, auch wenn ein Bruch manchmal mehr bewundert wird als die Einhaltung, weil die menschliche Natur mit ihrer zugrunde liegenden Biologie sich nicht gut dafür eignet, historisch bedingte Sitten und Gesetze zu befolgen.

Nicht nur Sex selbst, sondern auch alles, was damit zu tun hat – Bilder, Worte, nackte Körper oder Körperteile – ist einschränkenden Gewohnheiten, moralischen Regeln und Gesetzen unterworfen, die diese Dinge so weit wie möglich zuknöpfen, verstecken und unterdrücken. Im antiken Griechenland trainierten die Knaben und jungen Männer im Gymnasium noch nackt – *gymnos* heißt schließlich „nackt“. In England ist die Abbildung eines erigierten Penis heute noch illegal, im alten Rom wurde sie dagegen über jeder Tür platziert und Mädchen trugen sie am Arm, um Böses abzuwenden. So haben sich die Zeiten geändert.

Wenn man rund um den Sex alles streng reglementiert, hat dies zur Folge, dass auch alle anderen menschlichen Kontakte und der Umgang untereinander kontrolliert werden. Nehmen wir zum Beispiel eine Frau, die in der häuslichen Partnerschaft einer Ehe lebt. Von ihr wird erwartet, dass sie nicht nur ihr sexuelles Leben, sondern ihr gesamtes emotionales Intimleben auf einen Mann beschränkt. Emotionale Intimität darf sie höchstens noch mit weiblichen Freunden pflegen (im Allgemeinen ohne physische Aspekte). Männliche Freunde darf sie zwar haben, doch es gibt Grenzen, wie nahe sie ihnen kommen darf und auf welche Weise. Jeder weiß, dass sich eine Partnerschaft mit der Zeit verändert. Im besten Fall vertieft sie sich und eine reife Liebe entsteht. Doch während sie sich verändert und die Frau mit ihr, ist diese immer noch durch den ursprünglichen Vertrag an die Ausschließlichkeit ihrer Beziehung gebunden. Sie darf sich nicht neu verlieben, wenn sie die komplizierte Struktur des häuslichen Projekts nicht zerstören will.

Die Gesellschaft ist versessen darauf, jede Art von Zuneigung und Intimität, Kontakt und Austausch zu kontrollieren und zu begrenzen, die Menschen miteinander pflegen. Jeder, der die Regeln bricht, zahlt einen hohen Preis. Wird zum Beispiel ein Partner allzu intim mit jemandem, der nicht sein Ehepartner ist, indem er ihn umarmt und auf Tuchfühlung geht, ihn küsst, vielleicht mit ihm sexuell verkehrt, und dies wird entdeckt – wäre das Zerbrechen der familiären Einheit die nur allzu wahrscheinliche Folge. Eine schwere Strafe für eine natürliche und – für sich selbst, abgesehen von all den Ketten drumherum in Form von Sitten, Gesetzen und Erwartungen – gute Sache. Es kommt zum Bruch, weil der Ehepartner gelernt hat zu denken, dass ihm großes Unrecht angetan wurde, ihm, der doch ausschließlicher Besitzer der Zuneigung sein sollte.

Die Trennung ist natürlich eine überzogene Strafe, die unsere Konventionen besonders für sexuelle Untreue fordern. Doch hier geht es vor allem darum, dass dadurch alles andere in diesem Bereich betroffen ist – einschließlich fast aller Freundschaften über Geschlechtergrenzen hinweg, über ethnische und religiöse Differenzen, über Altersunterschiede, sie alle stehen unter der Beobachtung eines moralisierenden und kontrollierenden Auges.

Doch wenn Freundschaft ein großartiges und hohes Gut ist und mit anderen Formen von Nähe, Intimität und Austausch zwischen Menschen vereinbar ist, mit ihnen koexistiert, zu ihnen führt oder diese daraus entstehen, dann stehen die Sitten und Gesetze, seien sie moralisch oder nicht, ihr im Weg und sind daher falsch.

Eine andere und die aktuell gültige Sichtweise besteht darin, zu sagen, dass *nur bestimmte Arten* von Freundschaft akzeptabel sind. Die meisten Gesellschaften lassen aufgrund ihrer verschiedenen Konventionen nur bestimmte Arten von Freundschaft zu, weshalb wahrscheinlich das übliche und so beliebte Lobpreisen von Freundschaft auch derart oberflächlich ist. Die Idee, dass Freundschaft ein großer ethischer Wert ist, führt also zu Überlegungen, die bei genauerem Hinsehen überraschen – weil sie nicht mehr nur intuitiv sind.

Sind also Freundschaften über Geschlechtergrenzen hinweg wirklich möglich? Die Frage bezieht sich natürlich auf Männer und Frauen im heiratsfähigen Alter sowie in jener Periode, in der Nähe oder Intimität sexuelle Interessen wecken kann. Niemand denkt an die ganz Jungen oder die sehr Alten, bei denen solche Freundschaften selbstverständlich sind. Zumindest zwei Annahmen werden hier vorausgesetzt: Wenn eine Beziehung sexuell ist, dann ist es keine Freundschaft – eine Annahme, die im Vorangegangenen oft genug verneint wurde. Und wenn eine Beziehung eine Freundschaft ist, dann ist sie nicht sexuell. „Wir sind nur gute Freunde", würde ein Publicity-scheues Prominentenpaar sagen, wenn darüber spekuliert wird, weil sie oft zusammen gesehen werden. Sie berufen sich auf die zweite Annahme.

Man könnte denken, es handle sich um eine Unterscheidung zwischen zwei gleichen Annahmen, doch das stimmt nicht ganz: Viele Beziehungen beginnen mit Anziehung und entwickeln sich zu Liebesaffären, heute normalerweise mit physischer Intimität als normalem und wichtigem Teil davon. Mit der Zeit lernt sich das Paar besser kennen und wächst enger zusammen. Anziehung und sexuelle Elemente bleiben wichtig, doch die Beziehung entwickelt jene Eigenschaften, die auch zu einer Freundschaft gehören. Noch die schwungvollsten Flitterwöchner müssen irgendwann eine Pause machen, um etwas zu trinken, spazieren zu gehen oder sich zu unterhalten: Was sie in diesen Zeitspannen verbindet, ist das, was Freunde verbindet. Warum nicht akzeptieren, dass sie auch Freunde sind? Natürlich ist das „auch" wichtig: Sie sind nicht *nur* Freunde, und es ist richtig, dass der Begriff dem *nur*-Fall vorbehalten ist. Aber das muss nicht sein, und wenn man sagt, dass Liebende auch gute Freunde sind, zeigt das, dass sie (wie man es früher ausgedrückt hat) „einander gut" sind.

Betrachten wir die Beziehung von der anderen Seite, stellen wir fest: Dass wir den Ausdruck „sie sind Freunde" als korrekte Beschreibung einer bestehenden Beziehung ansehen, ist darin begründet, dass wir das *nur* ausdrücken wollen. Das Interesse daran, wer mit wem auf welche Weise verbunden ist, ist ein lebhaftes soziales Interesse. Studien mit Affen haben gezeigt, dass diese ein sehr genaues Wissen darüber pflegen, wer für wen was bedeutet, weil die verschiedenen Verbindungen zwischen Verwandten und Partnern wesentlich sind für das Wohlbefinden der Gruppe, sogar für ihr Überleben. Die Menschen tratschen aus einem tieferen Grund: Informationen über die Veränderungen in den sozialen Beziehungen sind ähnlich wichtig wie für andere Primaten – soziales Überleben könnte beim Menschen das letztendliche Ziel sein, soziales Nicht-Überleben ist jedenfalls auch eine Art von Tod. Die Ausdrucksweise weist auf einen entscheidenden Unterschied, aber sie kann ihn auch verschleiern. Die Pragmatik der Sprache spielt hier eine Rolle: Sagt man „Freund" mit einer Bewegung der Augenbrauen oder einer minimalen Betonung, fällt das „nur" weg.

Nur in verhältnismäßig wenigen Fällen ist die persönliche subjektive Erfahrung der richtige Weg, um etwas zu verstehen, doch in diesem Fall schon. Es gehört zumindest zum Verständnis dazu. Manche sind der Ansicht, dass unseren Gedanken fundamentale Vorstellungen zugrunde liegen, die „primitiv" sind und nicht erklärbar, zumindest nicht angemessen erklärt werden können außer durch eine direkte Erfahrung. Die Vorstellung von der Höhe des Mount Everest können wir durch Worte verstehen, und die Vorstellung von einem Elektron in der Teilchenphysik kann durch das mathematische System begriffen werden, das Quantenphänomene beschreibt. Doch die Bedeutung von „gelb" kann man nicht vermitteln, ohne ein Anschauungsbeispiel dieser Farbe zu zeigen. Auch „süß" als Geschmacksrichtung kann man ohne Zucker oder Honig oder etwas anderes, das diesen Geschmack erzeugt, nicht erklären.

Genauso wird das, was wir mit Freundschaft verbinden, für jeden von uns ganz verschieden und individuell sein, eine persönliche Erfahrung wie ein Farbfleck oder ein Löffel Honig. Dazu gehören auch filmische und literarische Assoziationen, die in mancher Hinsicht noch stärker sein können. Für mich und meine Altersgenossen mit etwa elf Jahren boten William Brown und Ginger, mit Douglas und Henry im Schlepptau, ein Modell dafür, wie eine Gruppe von Freunden sein könnte, auf bravere Art taten dies auch Julian, Dick, George und Anne mit dem Hund Timmy.[185] Wir haben ihnen vielleicht mehr nachgeeifert, als wir sie verstanden, weil wir von unserem eigenen Beispiel ausgingen. Wie auch immer, wir sammelten persönliche Erfahrungen über Freundschaft.

Im Alter zwischen acht und zwölf Jahren hatte ich vier verschiedene Freunde, mit denen ich viel Zeit verbrachte. Wir spielten ganz normal Cowboy und Indianer, kletterten auf Bäume, fuhren mit dem Fahrrad und machten Unsinn. Mir war überhaupt nicht bewusst, warum ich so war wie sie – ich wusste nur, wann ich einen Jungen nicht mochte: Meist war es ein Älterer, der angab oder auf andere Art unangenehm war. Gegenüber Jungen, die nicht meine Freunde waren, verhielt ich mich gleichgültig oder – besser gesagt – neutral. Meine Freunde und ich setzten einfach voraus, dass wir gemeinsame Interessen hatten.

Einer dieser Jungen wurde zum Freund, nachdem wir einander auf der Straße getroffen hatten, die die Rückseite unserer Gärten trennte. Ein zorniges Patt war entstanden, wobei jeder behauptete, sein großer Bruder könnte den des anderen jederzeit besiegen. Wir holten unsere irritierten Brüder, um sie aufeinanderzuhetzen, doch sie sprachen sehr freundlich miteinander, gaben uns jüngeren Brüdern einen Klaps auf den Kopf und gingen als gute Nachbarn auseinander. Diese Niederlage verband uns sehr. Zu keiner Zeit beschlossen wir ausdrücklich, Freunde zu werden. Einer von uns sagte so etwas wie „komm und schau dir meine Eisenbahn an“, und wir sausten davon und waren danach in den Ferien ständig einer beim anderen zu Hause oder trieben uns herum.

Diese natürliche und instinktive Bindung spiegelt sich auch in einem Phänomen, das ich an meiner Hündin beobachte. Sie verachtet die meisten anderen Hunde und schnüffelt trotzdem eifrig im Park herum (oft denke ich, das ist die Art der Hunde, ihre E-Mails zu checken). Doch manchmal sieht sie einen Hund in der Ferne, und obwohl sie ihn meines Wissens noch nie zuvor getroffen hat, springt sie aufgeregt davon, um ihn zu begrüßen und mit ihm zu spielen. In dieser Entfernung ist kein Geruchssinn im Spiel, es ist schwer herauszufinden, was eine solche Reaktion auslöst. Jemand, der Hunde besser kennt, kann dies vielleicht erklären.

Als ich ein Kind war, gab es einen Jungen, bei dem mir bewusst war, dass ich ihn deshalb mochte, weil er interessant und klug war und viel wusste über Dinosaurier und andere mysteriöse Dinge. Er hatte eine gute Sammlung von Büchern. Seine Mutter war verwitwet und ziemlich fürsorglich. Er hatte einen zu großen Kopf für seinen Körper – wir waren sicher, es lag an seinem großen Gehirn – und einen roten Lockenkopf. Andere Jungen mochten ihn nicht, weil er klug war und die Lehrer ihn sehr schätzten, die er – glaube ich – sogar ein wenig nervös machte, weil er trotz seiner zehn Jahre ein besserer Mathematiker war als sie. Andere Jungen verachteten seine Geringschätzung für Sport, ich fand ihn unterhaltsam und interessant, deshalb wurde ich sein Freund.

In der anstrengenden und emsigen Atmosphäre eines Internats, in Tagen voller Krach und Mühe, waren einem manche Jungs sympathischer als andere, doch konnte man kaum so spontan miteinander reden, dass man Vertraulichkeiten austauschen oder den anderen näher kennenlernen konnte. Vielleicht war dieser Umstand ein Nebeneffekt des Ethos der Schule – aus Angst vor dem Entstehen homosexueller Gefühle machte man aus jedem Tag ein Wettrennen bis zur Erschöpfung. Berichte vom Leben in der Armee, in Baracken, sogar im Feld, erinnern sehr stark an das Internatssystem, wo Kameradschaft weniger aus persönlichen Begegnungen denn aus gemeinsamen Erfahrungen entstand. Eine interessante Lektion.

Meine ersten sehr bewussten Erfahrungen mit Freundschaften, die ich als solche wahrnahm und reflektieren konnte, während sie noch andauerten, begannen in den allerletzten Schuljahren und zu Beginn des Studiums. Vor allem am Studienanfang genoss ich enge Freundschaften mit zwei Kollegen. Wir waren äußerlich sehr verschieden (im Wesentlichen durch unseren sozialen Hintergrund), doch wir hatten einen ähnlichen Sinn für Humor und – vor allem die beiden am engsten befreundeten – ähnliche Interessen bei Musik und Büchern, die die Basis bildeten für Gespräche in kurzen Anspielungen. Im zweiten und dritten Studienjahr bewohnten wir gemeinsam ein kleines Haus in einer engen Seitenstraße, kalt und fast unbewohnbar, immer unordentlich, aber wir hatten viel Spaß.

Bei einem der beiden Freunde wurde im letzten Studienjahr Krebs festgestellt, und er starb ein Jahr später. Schon vorher hatte ich seine Familie kennengelernt und war seiner Schwester nähergekommen. Im Jahr, als er starb, wurde ich Zeuge der unbeschreiblichen Trauer seiner Eltern – vor allem seines Vaters –, für die er der stolzeste und wichtigste Teil ihres Lebens gewesen war. Sein Tod machte die Welt für sie unbegreiflich und sinnlos, weil sie etwas so Junges, Glänzendes und Schönes vernichtet hatte. Der andere Freund war mir nähergestanden, doch jetzt, wo der Dritte fehlte, löste sich plötzlich das Band. Er war derjenige unter uns dreien, der mit Drogen experimentiert hatte, und diese forderten nun ihren Tribut. Er war sehr klug, doch die Drogen schienen seinen Geist zu ruinieren. Sie machten ihn töricht und anstrengend, es war schrecklich. Es schien, als bewegten sich die tektonischen Platten unter unseren Füßen und entfernten uns gegen unseren Willen und unsere Bemühungen voneinander, sodass wir einander nichts mehr bedeuteten.

Die vielleicht wertvollsten Erfahrungen mit Freundschaft kamen danach, als das eheliche Leben begann, in Form von Freundschaften mit anderen verheirateten Paaren, die kleine Kinder hatten wie wir. Da gab es viele Gemeinsamkeiten und gemeinsame Erfahrungen, Möglichkeiten, einander zu helfen – Babysitten, die Kinder zur Schule bringen, Bridge spielen –, weil wir nicht mehr so oft ausgehen konnten wie zu der Zeit, als wir noch Singles und kinderlos waren. Durch die Verbindung von Praktischem und Persönlichem ergab sich Gelegenheit, andere besser, umfassender kennenzulernen. Man musste natürlich mit echten Problemen fertig werden, mit Krankheiten oder Unfällen der Kinder, manchmal auch Trennung oder Scheidung eines der Paare im Freundeskreis, mit Seitensprüngen innerhalb und außerhalb davon. Das wirkliche Leben – im Gegensatz zum virtuellen – und die Last der Verantwortung, die wir immer wieder empfanden, vertiefte die Freundschaften. Sie boten Beispiele für jene Eigenschaften von Freundschaft, die in literarischen Versionen gefeiert werden: Gegenseitigkeit, Austausch von Informationen, Zeit und Ressourcen – wie weitergegebene Kinderkleider, erwiderte Hilfe, Verstehen und Verzeihen unter Partnern, die einander so gut kannten, dass es überflüssig war, dieselben Erklärungen immer und immer wieder zu wiederholen.

Im Lauf der Zeit reiften manche dieser Freundschaften zu jener Form, die nicht ständig erneuert werden muss, sondern noch im Abstand von Jahren wieder aufgenommen und beiseitegelegt werden kann, ohne dass in dem ihnen zugrunde liegenden Rhythmus auch nur ein einziger Schlag fehlt. Immer noch zeigen sie beispielhaft die zentralen Eigenschaften von Freundschaft. Man erkennt sie, wenn man fragt: Würdest du mitten in der Nacht aufstehen und über Land zu einem Freund fahren, wenn er dich dringend braucht? Die Antwort ist: Ja, wie denn auch nicht? Es wäre eine Ehre, dem Ruf eines Freundes zu folgen. Etwas so Geringes wie Schlaf oder Zeit zu opfern, wenn man um Hilfe gebeten wird, wäre eine Kleinigkeit – man würde mehr tun, wenn man könnte oder es nötig wäre.

Manche Menschen haben Talent zur Freundschaft, andere weniger. Doch der Wert einer Freundschaft bleibt derselbe, ob jemand einen oder ganz wenige Freunde hat, die er nur gelegentlich trifft, oder einen breiten Kreis von Bekannten, von denen einige ihm zeitweise besonders nahe stehen. In beiden Fällen geht es darum, dass ein oder zwei andere da sind, in deren Gesellschaft oder sogar in deren Gedanken es etwas gibt, was auf der bedeutsamen Seite der Grenze liegt, die wir um uns ziehen, um abzugrenzen, wo der Rest der Welt anfängt – Menschen, auf die wir nur um den Preis verzichten könnten, dass die Welt wesentlich ärmer wird.

Abschließend könnten wir uns der seltsamen Tatsache zuwenden, dass wir einen Freund niemals „Freund" nennen. „Freund, hättest du gern eine Tasse Tee?" würden wir vielleicht auf einem Dorffest zu einem Fremden sagen. Ein Fernsehmoderator sagt vielleicht „Hallo, meine Freunde!" zu den Kindern, die vermutlich zu Hause vor dem Fernseher sitzen, ohne auch nur ein einziges davon zu kennen. Wenn wir jemanden „Freund" nennen, kann das auch heißen, dass wir ihm gar nicht freundlich gesinnt sind: „Pass nur auf, mein Freund, wenn du so weitermachst, gibt's eins auf die Nase!" Von „Freunden" sprechen wir normalerweise nur, wenn sie abwesend sind, oder mit der speziellen Bedeutung von „ihr Freund" oder „seine Freundin", wenn wir sie in ihrer Anwesenheit jemandem vorstellen. Doch das geht nur mit einer Erlaubnis, denn damit jemand diesen Titel erhält, muss schon vorher vieles gegeben und angenommen worden sein.

Wenn wir aber einen Freund mit „Freund" ansprechen, dann ist das ein Zeichen dafür, dass etwas nicht stimmt. Wir raten, mahnen, warnen, flehen. Wir erinnern den Freund daran, dass wir ein Freund sind, dass wir durch diese Freundschaft die Freiheit haben, zu tun, was wir tun, oder zu sagen, was wir sagen. Vielleicht ist auch die Freundschaft zu Ende, oder vielleicht hat sich im Gespräch die bittere Erkenntnis ergeben, dass die Freundschaft verloren gegangen ist, und wir beschwören den Begriff und seine Kraft in der Hoffnung, sie wiederzubeleben – oder weil wir uns mit dem Abschied abfinden. In Liebesbeziehungen, die nicht zustande kommen, weil sich eine Seite dagegen wehrt, oder die zu Ende gegangen sind, tritt die schmerzliche Seite des Wortes hervor, jetzt in einer trostlosen Gestalt: „Ich mag dich als Freund", sagt das Mädchen und weist damit den verliebten Jungen zurück. „Lass uns immer Freunde sein", sagt der Casanova zu einer abgelegten Geliebten.

Manche Menschen benutzen die Formel „ein Freund von mir", was oft überflüssig ist: „Ein Freund hat zu mir gesagt" bedeutet dasselbe wie „Ein Freund von mir hat mir gesagt". Es hätte nur Sinn, „ein Freund von X" zu sagen, um zwischen dem Freund eines anderen und dem eigenen zu unterscheiden, doch die Formel ist hängen geblieben. Interessant ist immerhin ihre Betonung des Besitzes: „mein Freund", „ein Freund von mir". Ein Freund gehört mir und ich gehöre ihm: Das ist ein Teil dessen, was sich gut anfühlt.

Im privaten Bereich wird Freundschaft geschätzt und gewünscht. Im politischen Bereich wird sie manchmal schief angesehen, weil man fürchtet, die damit verbundene Loyalität könnte versteckten privaten Interessen dienen und nicht denen des Amtes. Im Geschäftsbereich sind Freundschaften wichtig. Die Menschen pflegen Freundschaften und Verbindungen, weil sie klare Vorteile mit sich bringen, die besonders geschätzt werden, wenn sie auf Gegenseitigkeit beruhen. Solang keine Täuschung im Spiel ist, sind solche Freundschaften durchaus produktiv. Wir können hoffen, dass Freundschaft in allen Lebensbereichen willkommen ist, denn, wie Aristoteles argumentiert hat, verbessern Freundlichkeit und Einigkeit, die Freundschaft zwischen Menschen schafft, die ganze Gesellschaft. Wäre diese ein großes, kameradschaftliches Netzwerk, gäbe es individuelle und kollektive *eudaimonia*.

Doch wir schränken die Möglichkeiten für Freundschaft allzu sehr ein. An den Grenzen zwischen Geschlechtern, Altersgruppen, Religionen, Ethnien, Rollen und Ämtern fallen die Rollläden für persönliche Beziehungen – aufgrund von angenommenen und, um gerecht zu sein, auch manchmal realen Gefahren ihres Missbrauchs. Im Interesse einer aristotelischen „Gesellschaft von Freunden“ sollte man sich grundsätzlich für die Möglichkeit von Freundschaft entscheiden. Dies wäre gar nicht so weit hergeholt. Auf den vorangegangenen Seiten haben wir festgestellt, dass die im Grunde soziale Natur des Menschen ihn für Freundschaft prädisponiert. Tatsächlich ist es gar nicht leicht, Freundschaften zu verhindern. Besonders die kleinen Kinder im Kindergarten freunden sich unbewusst mit jedem an, ganz egal, welcher Glaubensrichtung, mit welchem sozialen Hintergrund, welcher Hautfarbe, welcher Überzeugung oder politischen Gruppierung. Es ist die Gesellschaft, also wir selbst, die jene Mechanismen der Differenzierng und Trennung schafft, die Freundschaften demontiert.

Am Ende geht es jedoch um persönliche Freundschaft. Ich möchte wiederholen, was ich am Anfang gesagt habe: Wir betrachten es als Erfolg, wenn wir uns mit unseren Eltern anfreunden, während wir aufwachsen, mit unseren Kindern, wenn diese aufwachsen, mit unseren Geliebten, Ehepartnern und Arbeitskollegen, auch wenn sie Geliebte, Ehepartner und Arbeitskollegen bleiben. Denn immer entsteht ein Band, auf das man sich verlassen kann, das über die anderen Gründe für eine Verbindung mit diesen Personen hinausgeht. Solche Bande bilden einen großen Teil dessen, was unserem Leben Sinn verleiht, ebenso wie unser Leben ihnen: Ohne sie sind wir weniger, und in Gefahr, dem Nichts allzu nahe zu kommen.

Anmerkungen

1 Vera Brittain, Testament of Friendship, London 2012, S. 2.
2 Ebenda S. 10.
3 Platon, Lysis, www.opera-platonis.de/Lysis.html – 210 e.
4 Lysis 207 c.
5 Charmides http://www.opera-platonis.de/Charmides.html –154 E.
6 Lysis 210 c, d.
7 Ebenda 211 e.
8 Ebenda 212–213 b.
9 Ebenda 214 e.
10 Ebenda 215 a.
11 Ebenda 215 a, b.
12 Ebenda 222 e.
13 Ebenda 223 b.
14 Ebenda 221 d, e.
15 Aristoteles, Die Nikomachische Ethik, übersetzt und herausgegeben von Olof Gigon, Zürich 1951, 1155a5–10.
16 Nikomachische Ethik, 1155a15.
17 Ebenda 1155a25.
18 Aristoteles – Politik. Übersetzt und mit einer Einleitung sowie Anmerkungen herausgegeben von Eckhart Schütrumpf, Hamburg 2012, S. 156, 1295b23–5.
19 Nikomachische Ethik 1155b21–7.
20 Ebenda 1155a10–15.
21 Ebenda 1156a1.
22 Ebenda 1156a6–b10.

23 Ebenda 1156a30–b1.
24 Ebenda 1156b10.
25 Ebenda 1166b30.
26 Ebenda 1166a31.
27 Ebenda 1166a10.
28 Ebenda 1094b7–10.
29 Ebenda 1098a16–17.
30 Cicero, Laelius über die Freundschaft. Aus dem Lateinischen übersetzt und herausgegeben von Marion Giebel, Stuttgart 2014, 4 (18).
31 Ebenda 27 (102–104).
32 Ebenda 5 (18).
33 Ebenda 5 (19).
34 Ebenda 6 (20).
35 Ebenda 6 (21).
36 Ebenda 6 (22).
37 Ebenda 7 (23).
38 Ebenda 8 (26).
39 Ebenda 8 (27).
40 Ebenda 9 (30).
41 Ebenda 10 (35).
42 E. M. Forster, Two Cheers for Democracy, London 1951, S. 78.
43 Laelius 11 (37).
44 Ebenda 12 (40).
45 Ebenda 13 (44).
46 Ebenda 13 (45).
47 Ebenda 13 (47–48).
48 Ebenda 15 (52).
49 Ebenda 16 (58).
50 Ebenda 16 (59).
51 Ebenda 17 (61).
52 Ebenda 18 (65).
53 Ebenda 17 (63).
54 Ebenda 17 (64).
55 Ebenda 18 (65).
56 Ebenda 22 (82).

57 Ebenda 21 (80).

58 Plutarch, Von der Vielzahl der Freunde, in: Hans-Josef Klauck (Hrsg.), Plutarch von Chaironeia – Moralphilosophische Schriften, Stuttgart 1997.

59 Hamlet, Prinz von Dänemark. Übersetzt von August Wilhelm von Schlegel, hrsg. von Dietrich Klose, Stuttgart 1969.

60 Plutarch, Von der Vielzahl der Freunde, S. 46.

61 Ebenda S. 46.

62 Ebenda S. 52.

63 Aurelius Augustinus – Bekenntnisse. Übersetzt und herausgegeben von Kurt Flasch und Burkhard Mojsich, Stuttgart 1998, 2008, S. 83.

64 Aurelius Augustinus – Vom Gottesstaat (De civitate dei). Aus dem Lateinischen übertragen von Wolfgang Thimme, München 1997, S. 542.

65 Bekenntnisse, S. 105 f.

66 Ebenda S. 106 f.

67 Ebenda S. 111 f.

68 Ebenda S. 112.

69 Ebenda S. 117.

70 Ebenda S. 112.

71 Lukas 10, 25–37.

72 Briefwechsel zwischen Abaelard und Heloise http://www.gutenberg.org/files/44051/44051-h/44051-h.htm – Zugriff 15. 1. 2015.

73 Augustinus an Hieronymus, ep. 28.1, in: Des heiligen Kirchenvaters Aurelius Augustinus ausgewählte Briefe, aus dem Lateinischen mit Benutzung der Übers. von Kranzfelder übers. von Alfred Hoffmann. Des heiligen Kirchenvaters Aurelius Augustinus ausgewählte Schriften Bd. 9–10; Bibliothek der Kirchenväter, 1. Reihe, Band 29–30, Kempten/München 1917.

74 Hubertus R. Drobner, Augustinus von Hippo. Predigten zu Kirch- und Bischofsweihe (Sermones 336–340/A): Einleitung, revidierter Mauriner-Text, Übersetzung und Anmerkung, Patrologia 9, Frankfurt am Main 2007, S. 33.

75 Bekenntnisse, S. 105 f.

76 Ebenda S. 70.

77 Ebenda S. 76 f.

78 Stefan Ihli, Das Freundschaftsideal Augustins unter besonderer Berücksichtigung seines Briefes 258, Online-Version 2002, http://www.ihlisoft.de/theologie/augustin.htm – Zugriff 15. 1. 2015.

79 Ebenda.

80 Augustine, Letters of St. Augustine of Hippo. Letter 192 (A. D. 418). Translated by J. G. Cunningham. From Nicene and Post-Nicene Fathers, First Series, Vol. 1. Edited by Philip Schaff. (Buffalo, NY: Christian Literature Publishing Co., 1887.) Revised and edited for New Advent by Kevin Knight. http://www.newadvent.org/fathers/1102192.htm> – Zugriff 15. 1. 2015.

81 Wie oben bereits zitiert, Bekenntnisse, S. 111 f.

82 Thomas von Aquin, Summa theologica, http://www.unifr.ch/bkv/summa – Zugriff 15. 1. 2015, I-II q. 4.

83 Summa theologica II–II q. 153–155.

84 Ebenda II–II q. 170–171.

85 Ebenda II–II q. 26.

86 Ebenda II–II q. 172.

87 Ebenda II–II q. 180.

88 Ebenda II–II q. 176.

89 Bertrand Russell, Philosophie des Abendlandes, Zürich 1950, S. 472.

90 Zum Beispiel www.fusion101.com/guide/christian-friendship.htm – Zugriff 15. 1. 2015.

91 Giovanni Boccaccio, Das Dekameron, Frankfurt am Main 1967, S. 902.

92 Ein hervorragender Überblick über diese Quellen findet sich in: Laurie Shannon, Sovereign Amity: Figures of Friendship in Shakespearian Context, Chicago 2002, S. 3 ff.

93 Desiderius Erasmus, Colloquia familiaria 2, 1518.

94 Shannon, 5 f.

95 Michel de Montaigne, Essais. Erste moderne Gesamtübersetzung von Hans Stilett, Frankfurt am Main 1998, S. 102.

96 Ebenda S. 409.

97 Ebenda S. 408 f.

98 Ebenda S. 409.

99 Ebenda S. 410.

100 Ebenda.

101 Ebenda S. 255.

102 Ebenda S. 410 f.

103 Ebenda S. 412.

104 Ebenda S. 99.
105 Ebenda S. 101.
106 Ebenda S. 102.
107 Ebenda S. 99 f.
108 Ebenda S. 102.
109 Francis Bacon, Essays oder praktische und moralische Ratschläge, Stuttgart 2005, S. 89.
110 Ebenda.
111 Ebenda S. 90 ff.
112 Ebenda S. 93.
113 Ebenda S. 94.
114 Ebenda S. 96.
115 Ebenda S. 97.
116 Immanuel Kant, Beantwortung der Frage: Was ist Aufklärung? In: Berlinische Monatsschrift, 1784, H. 12, S. 481–494.
117 Immanuel Kant – Eine Vorlesung über die Ethik, hrsg. von Gerd Gerhardt, Frankfurt am Main 1990, S. 217.
118 Ebenda 220 ff.
119 Immanuel Kant, Die Metaphysik der Sitten, hrsg. von Wilhelm Wischedel, Frankfurt am Main 1991, S. 609. Siehe dazu auch: Stijn Van Impe, Kant on Friendship, International Journal of Arts and Sciences 4, 2011, S. 127–139.
120 David Hume, „Of the Passions“, in: A Treatise of Human Nature, Book II (1740).
121 Siehe António R. Damásio, Descartes' Error: Emotion, Reason, and the Human Brain, New York 1994.
122 http://de.wikiquote.org/wiki/Voltaire – Zugriff 15. 1. 2015 – und eigene Übersetzung.
123 Adam Smith, The Wealth of Nations (1776) und The Theory of Moral Sentiments (1759).
124 Adam Smith, Wohlstand der Nationen, München 2006, S. 26.
125 David Hume, Essays Moral, Political and Literary 1777: „Of the Jealousy of Trade“.
126 Wohlstand der Nationen, S. 985.
127 David Hume, Ein Traktat über die menschliche Natur, Buch 3, 3: Über Güte und Wohlwollen, hrsg. von Felix Meiner, Hamburg. 1973, S. 359.

128 Henry Fielding, Tom Jones, Band 1, München 1971, S. 284.

129 William Hazlitt, The Spirit of the Age „William Godwin“, 1825.

130 Alle folgenden Zitate aus: William Godwin, Thoughts on Man: His Nature, Productions and Discoveries, Interspersed with some Particulares respecting the Author, London: „Essay XV Of Love and Friendship“, 1831, unpaginiert auf http://ebooks.adelaide.edu.au/g/godwin/william/thoughts/chapter15.html.

131 Thomas Hughes, Tom Brown's Schooldays, 1857, S. 182.

132 Thomas Hughes, Tom Brown at Oxford, 1861, S. 73.

133 Aus: Carolyn Oulton, Romantic Friendship in Victorian Literature, Aldershot 2007, S. 39.

134 Manche solcher Fotos finden sich auf http://www.artofmanliness.com/2008/08/24/the-history-and-nature-of-man-friendships/ – Zugriff 15. 1. 2015.

135 Homer, Ilias, 9. Gesang, 663–668, in: Homer – Ilias, übersetzt von Wolfgang Schadewaldt, Bibliothek der Alten Welt, Frankfurt 1975.

136 Aischylos, Fragmente 135, 136, Platon, Symposion 179e–180b; Aeschines, Timarchos 133, 141 f.

137 Ilias, 11. Gesang, 648–654.

138 Ebenda 15. Gesang, 399–404.

139 Ebenda 16. Gesang, 8–9.

140 Ebenda 16. Gesang, 22–24; 29–35; 38–43.

141 Ebenda 16. Gesang, 268–272.

142 Ebenda 18. Gesang, 22–38.

143 Ebenda 18. Gesang, 98–100.

144 Ebenda 23. Gesang, 83–102.

145 Ebenda 24. Gesang, 3–18.

146 1. Samuel 15.

147 1. Samuel 16.

148 1. Samuel 17.

149 1. Samuel 18.

150 1. Samuel 19.

151 1. Samuel 20.

152 Ebenda.

153 2. Samuel 1.

154 Vita Edwardi secundi. The life of Eward the Second, hrsg. von Wendy R. Childs, Oxford 2005.

155 Henry Thomas Riley (Bearb.), The annals of Roger de Hoveden: comprising the history of England and of other countries of Europe Rogerus. London 1853, S. 634 f.

156 Ebenda S. 356.

157 1. Ruth 1, 8–9.

158 1. Ruth 1, 16–17.

159 Athalya Brenner (Hrsg.), Ruth and Esther: A Feminist Companion to the Bible, Sheffield 1999, und Michael D. Coogan, A Brief Introduction to the Old Testament, Oxford 2009.

160 Genesis 2, 24.

161 Homer, Ilias, 5. Gesang, 239, 249–250.

162 The Private Orations of Themistius. Translated, Annotated, and Introduced by Robert J. Penella, Berkeley/Los Angeles/London 2000, S. 95.

163 Homer, Ilias, 4. Gesang, 404–408; 411–418.

164 Themistius, S. 89 f.

165 Themistius, S. 91–93.

166 Themistius, S. 93 f.

167 Themistius, S. 95.

168 Themistius, S. 97–99.

169 Themistius, 99 f.

170 Virgil, Äneis, 9. Gesang, http://gutenberg.spiegel.de/buch/vergils--2624/18 – Zugriff 15. 1. 2015.

171 Ebenda 5. Gesang.

172 Ebenda 9. Gesang.

173 Lukian, Erotes – Ein Gespräch über die Liebenswürdigen, hrsg. von Hanns Floerke und Renatus Kuno, übersetzt von Hans Licht, München 1920, S. 99 f.

174 Montaigne, Essais, S. 103.

175 Narayana, Hitopadesa oder Die freundliche Belehrung, übersetzt von Johannes Hertel, München 1988, S. 24 und S. 28.

176 Wie das funktioniert, zeigt eine attische Vase aus dem Jahr 480 v. Chr. im Museum of Fine Arts in Boston, die Zephyros und Hyakinthos zeigt: http://www.theoi.com/Gallery/T29.1.html – Zugriff 15. 1. 2015.

177 Genesis 38, 9–10.

178 Levitikus 20, 13.

179 Adam Sisman, The Friendship: Wordsworth and Coleridge, London 2006.

180 David Bodanis, Émilie und Voltaire. Eine Liebe in Zeiten der Aufklärung, Reinbek bei Hamburg 2007.

181 John Cheever, Der Schwimmer. Stories, übersetzt von Thomas Gunkel, Köln 2009, S. 6.

182 Robert Silvers, Barbara Epstein, The Company They Kept: Writers on Unforgettable Friendships, New York 2011.

183 Christopher Ricks, Tennyson, London 1972.

184 Lukas 10, 25–37.

185 Dies sind Figuren aus Richmal Cromptons „Just William"-Geschichten sowie die Famous Five von Enid Blyton.

Literatur

Thomas von AQUIN, *Summa theologica,* http://www.unifr.ch/bkv/summa – Zugriff 15. 1. 2015

Aurelius AUGUSTINUS – *Bekenntnisse.* Übersetzt und herausgegeben von Kurt Flasch und Burkhard Mojsich, Stuttgart 1998, 2008

Aurelius AUGUSTINUS – *Vom Gottesstaat (De civitate dei).* Aus dem Lateinischen übertragen von Wolfgang Thimme, München 1997

ARISTOTELES, *Die Nikomachische Ethik,* übersetzt und herausgegeben von Olof Gigon, Zürich 1951

Francis BACON, *Essays oder praktische und moralische Ratschläge,* Stuttgart 2005

Giovanni BOCCACCIO, *Das Dekameron,* Frankfurt am Main 1967, S. 902.

David BODANIS, *Émilie und Voltaire. Eine Liebe in Zeiten der Aufklärung,* Reinbek bei Hamburg 2007.

Athalya BRENNER (Hrsg.), *Ruth and Esther: A Feminist Companion to the Bible,* Sheffield 1999

Vera BRITTAIN, *Testament of Friendship,* London 2012

CICERO, *Laelius über die Freundschaft.* Aus dem Lateinischen übersetzt und herausgegeben von Marion Giebel, Stuttgart 2014

Michael D. COOGAN, *A Brief Introduction to the Old Testament,* Oxford 2009.

William GODWIN, *Thoughts on Man: His Nature, Productions and Discoveries, Interspersed with some Particulares respecting the Author,* London: „Essay XV Of Love and Friendship", 1831, unpaginiert auf http://ebooks.adelaide.edu.au/g/godwin/william/thoughts/chapter15.html – Zugriff 15. 1. 2015

William HAZLITT, *The Spirit of the Age „William Godwin",* 1825.

HOMER – *Ilias,* übersetzt von Wolfgang Schadewaldt, Bibliothek der Alten Welt, Frankfurt 1975

David HUME, *Ein Traktat über die menschliche Natur,* Buch 3, 3: „Über Güte und Wohlwollen“, hrsg. von Felix Meiner, Hamburg. 1973

Stefan IHLI, *Das Freundschaftsideal Augustins unter besonderer Berücksichtigung seines Briefes 258,* Online-Version 2002, http://www.ihlisoft.de/theologie/augustin.htm – Zugriff 15. 1. 2015

Immanuel KANT, *Beantwortung der Frage: Was ist Aufklärung?* In: Berlinische Monatsschrift, 1784, H. 12, S. 481–494

Immanuel KANT, *Die Metaphysik der Sitten,* hrsg. von Wilhelm Wischedel, Frankfurt am Main 1991

Immanuel KANT, *Eine Vorlesung über die Ethik,* hrsg. von Gerd Gerhardt, Frankfurt am Main 1990

LUKIAN, *Erotes – Ein Gespräch über die Liebenswürdigen,* hrsg. von Hanns Floerke und Renatus Kuno, übersetzt von Hans Licht, München 1920, S. 99 f.

Michel de MONTAIGNE, *Essais.* Erste moderne Gesamtübersetzung von Hans Stilett, Frankfurt am Main 1998

NARAYANA, *Hitopadesa oder Die freundliche Belehrung,* übersetzt von Johannes Hertel, München 1988

Carolyn OULTON, *Romantic Friendship in Victorian Literature,* Aldershot 2007

PLATON, *Lysis,* www.opera-platonis.de/Lysis.html – Zugriff 15. 1. 2015

PLATON, *Symposion*, www.opera-platonis.de/Symposion.html – Zugriff 15. 1. 2015

PLUTARCH, *Von der Vielzahl der Freunde,* in: Hans-Josef Klauck (Hrsg.), Plutarch von Chaironeia – Moralphilosophische Schriften, Stuttgart 1997

Christopher RICKS, *Tennyson,* London 1972

Bertrand RUSSELL, *Philosophie des Abendlandes,* Zürich 1950, S. 472.

Laurie SHANNON, *Sovereign Amity: Figures of Friendship in Shakespearian Context,* Chicago 2002

Robert SILVERS, Barbara EPSTEIN, *The Company They Kept: Writers on Unforgettable Friendships,* New York 2011

Adam SISMAN, *The Friendship: Wordsworth and Coleridge,* London 2006.

THEMISTIUS, *The Private Orations.* Translated, Annotated, and Introduced by Robert J. Penella, Berkeley/Los Angeles/London 2000

Stijn VAN IMPE, *Kant on Friendship,* International Journal of Arts and Sciences 4, 2011, S. 127–139

VIRGIL, *Äneis,* http://gutenberg.spiegel.de/buch/vergils-aneide-2624/1 – Zugriff 15. 1. 2015

Ágnes Heller

Die Welt der Vorurteile

Geschichte und Grundlagen für Menschliches und Unmenschliches

161 Seiten, E-Book inside
ISBN 978-3-902968-03-6
Hardcover
Format 16 cm x 24 cm
Preis € 24,–

Ágnes Heller greift zurück bis in die Antike, um zu zeigen, unter welchen Umständen Vorurteile entstehen können. Sie fragt nach gesellschaftlichen und psychologischen Voraussetzungen und analysiert die grundlegenden Vorurteile der Moderne: rassische, ethnische und religiöse Vorurteile, Klassenvorurteile, Vorurteile gegen Frauen und sexuelle Vorurteile.

Von Sokrates bis Shakespeare, von Leibniz über Weber bis Foucault und Luhmann führt uns die Grande Dame der Philosophie vor Augen, was sie auch persönlich im 20. und 21. Jahrhundert erlebt hat und noch erlebt: einen ganzen Kosmos von Vorurteilen.

Ágnes Heller ist Schülerin von Georg Lukács. Gemeinsam mit ihrer Mutter entging sie dem Holocaust in Budapest nur knapp, ihr Vater und viele Verwandte wurden ermordet. Sie beteiligte sich aktiv an der ungarischen Revolution von 1956, emigrierte 1977 als Professorin für Soziologie nach Melbourne. 1986 wurde sie Nachfolgerin von Hannah Arendt auf deren Lehrstuhl für Philosophie an der New School for Social Research in New York. Sie lebt heute in Budapest.

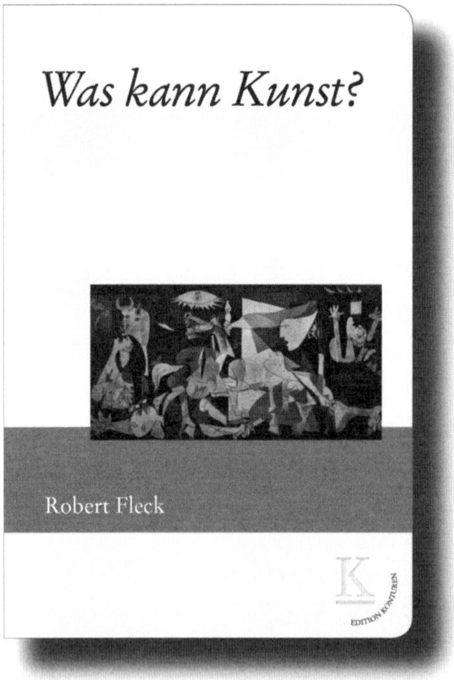

Robert Fleck

Was kann Kunst?

142 Seiten, 10 farbige Abb.
E-Book inside
ISBN 978-3-902968-02-9
Hardcover
Format 16 cm x 24 cm
Preis € 24,–

Kunst komme nicht von Können, eher umgekehrt: Können kommt von Kunst! Ja, man kann sagen, die Kunst hat das Können erfunden. Sie schafft Erlebnisse jenseits dessen, was man sieht, und erfindet die Welt neu. Tag für Tag.

Robert Fleck versucht die Kunst über ihren Erlebnis-Charakter neu zu sehen. Er folgt ihrem Weg durch die Moderne und fragt: Kann es ein zweites Jahrhundert der Moderne geben? Er folgt ihr mit sehr persönlichem Blick auf viele Künstlerbiografien und kommt dabei zu jenen Fragen, die man heute oft nur noch hinter vorgehaltener Hand zu stellen wagt: den Fragen nach Schönheit und Freiheit.

Robert Fleck ist Historiker, Autor und Ausstellungsmacher. Er lebt seit 1981 in Paris, studierte unter anderem bei Gilles Deleuze und Michel Foucault. Er war zuletzt Intendant der Kunst- und Ausstellungshalle der Bundesrepublik Deutschland in Bonn und ist nun Professor für „Kunst und Öffentlichkeit“ und Prorektor der Kunstakademie Düsseldorf.

Michael Vogler

Wieso arbeiten wir eigentlich hier?

Unternehmenskultur erkennen und bewusst gestalten

187 Seiten, E-Book inside
ISBN 978-3-902968-01-2
Hardcover
Format 16 cm x 24 cm
Preis € 24,–

Leidenschaft erzeugt Motivation, Engagement und Loyalität. Sie ist der Jackpot für den Erfolg jeder Organisation. Außerdem wirkt sie gleichermaßen anziehend – auf interessierte Kunden wie auf talentierte Bewerber.

Der Schlüssel zu einer begeisternden Organisationskultur liegt in ihrem Design und in der bewussten Gestaltung des Klimas.

Ausgehend von der menschlichen Natur, zeigt Michael Vogler, wie einfach es sein kann, wirksame Weichen zu stellen und die Unternehmenskultur zu energetisieren.

Michael Vogler studierte Betriebswirtschaft, Philosophie, Geschichte und Kommunikationswissenschaft in Madrid, Paris, Luxemburg und Wien. Seit 1992 ist die Entwicklung von Organisationen sein Hauptberuf. 2013 gründete er sein Beratungsunternehmen „Kulturdesign", das sich der Entwicklung von Unternehmenskulturen widmet. Er ist Autor mehrerer Bücher und lebt in Tulln an der Donau.

E-Book inside / Website www.konturen.cc

Mit dem Kauf dieses Buches haben Sie auch das E-Book erworben. Sie können es auf unserer Website ohne weitere Kosten herunterladen:

www.konturen.cc

Geben Sie dort bitte Ihren persönlichen Download-Code ein. Sie finden ihn auf der gegenüberliegenden Seite – dazu auf der Website eine Anleitung, wie Sie das E-Book auf Ihren Computer oder Ihr elektronisches Lesegerät übertragen.

Auch ein Besuch unserer Website lohnt sich für Sie: Dort gibt es zu jedem Buch weiterführende Hinweise und zusätzliche Medienangebote. Wir informieren Sie über aktuelle Events und die Möglichkeit, über uns mit den Autoren Kontakt aufzunehmen.

Wir wünschen Ihnen viel Freude mit diesem Buch!

GRAY6rrxDem2M9